Storie Brevi in Cinese per Principianti: 10 Semplici Storie in Cinese ed Italiano con Elenchi di Vocaboli

ISBN: 9798645025724
Pubblicazione: Autoedizione

故事 1：童年，青年和友谊

简和米歇尔从小就认识。简是金发女郎，米歇尔是**褐发女郎**。简的妈妈叫梅尔。米歇尔的母亲叫维多利亚。维多利亚和梅尔成为最好的朋友**很长时间**了。简是米歇尔**最好的朋友**。

当她们还是小孩子时，他们喜欢**玩跳格子，玩过家家**还有**玩捉迷藏**。他们的妈妈**经常**带他们去公园。梅尔喜欢做巧克力煎饼或**苹果派**。简和米歇尔也喜欢看**动画片**。他们喜欢一起看《芭比娃娃》和《狮子王》。

从 11 岁开始，他们就非常喜欢运动。他们喜欢**骑自行车**和打篮球。他们喜欢**分享秘密。他们一起做作业。**米歇尔**最喜欢的科目**是法语。简最喜欢的科目是科学。

在学校，简的数学**成绩很差。她上私人补习课。简和米歇尔花在学习上的时间比玩的时间多。**米歇尔帮助简学习。梅尔和维多利亚为他们的女儿**感到骄傲**。为了感谢他们，他们和家人一起去度假。

从小学到**中学**，简和米歇尔是**非常亲密的朋友**。

但在高中，这两个女孩的关系就**没那么亲密**了。他们**长大了，不再对同样的事情感兴趣**。米歇尔对读书很感兴趣，并且非常**专注**于她的**学习**。简对**时尚**感兴趣，在**高中**时很受男生的欢迎。**久而久之，**他们渐渐变得**仅仅像熟人**。

简有很多朋友，并且有了一个新的好朋友:莉莉。简的**男朋友**叫卢卡斯。

米歇尔也有了一个新的**密友**。她的名字叫安妮。安妮也像米歇尔一样**喜欢读书**。

在一个星期六的下午，梅尔和维多利亚邀请他们的**女儿**一起去看电影。电影很好看，但是**简和米歇尔几乎不说话**。维多利亚很**难过**。**简和米歇尔不再是朋友了。**

在家里，维多利亚与米歇尔谈论到：

- 你和简，**你俩吵架了吗**？

- 没有，为什么这么说？

- 你不再跟她讲话了。

- 不，我们一起聊天。

- 但你们不再是朋友了。

- 我们**兴趣**不同。

- **邀请她到家里来做客。**

- 不必了，谢谢。

- 为什么呢？

- 妈妈，她现在有朋友了。我也是，我有我的闺蜜。我们不再是朋友也**没关系**。

- 好的，我明白了。

一天下午，米歇尔在公园散步。她看见简在椅子上哭。

- 你好，简，怎么了？你怎么哭了？

- 你好，米歇尔。卢卡斯和他的家人搬到了另一个城市。我们分手了。

- 我为你感到难过。

- 谢谢。

- 你的朋友呢?

- 我不知道。他们不在那里。

简笑着问米歇尔：

- 你最近还好吗？

- 我很好，谢谢。不要独自呆在这里。来和我喝一杯吧。

- 不，谢谢。我不想打扰你。

- 你不会打扰我的。我邀请你。

- 好吧，好吧。谢谢你，米歇尔。你真是太好了。

两个女孩去了餐馆。她们点了果汁和巧克力薄饼。简告诉米歇尔她的问题。莉莉并不是简真正的朋友。莉莉是个投机分子。

晚上，简感觉好多了。她告诉了母亲她的一天。

卢卡斯离开了。简忘记了她俩之间的感情。简和米歇尔开始**一起共度时光**。梅尔和维多利亚感到很高兴。

一天，**维多利亚生病了**。简帮助米歇尔**照顾**维多利亚。安妮前去看望维多利亚。米歇尔把她的朋友安妮介绍给简。简很高兴见到她。米歇尔邀请安妮在家吃饭。安妮欣然同意。简和米歇尔**准备饭菜**。这三个女孩中午在一起吃饭。这顿饭很美味。

三天后，维多利亚**痊愈**了。简邀请米歇尔和安妮去购物。安妮谢绝了邀请。她还要写家庭作业。米歇尔愉快地接受了邀请。简和米歇尔**买新的连衣裙**、**鞋子**和**裤子**。他们给安妮买了一条漂亮的**项链**。米歇尔给她妈妈买了一件**外套**。简给她妈妈买了一件**夹克**。

　　快到**学年**结束时，**简考试不及格。她先重修了她的课。**简感到很后悔。她让米歇尔和她呆在一起。米歇尔告诉简，她仍然是她的朋友。简决定不再**荒废学业**。

　　简和米歇尔几乎形影不离。**米歇尔帮助简在学习上取得成功。**简感到很快乐。米歇尔和简像以前一样成为亲密的朋友。

Vocabolario

童年	Infanzia
友谊	Amicizia
褐发女郎	Mora
很长时间	Da molto tempo
最好的朋友	Migliore amico/migliore amica (M/F)
玩跳格子	Giocare a campana
玩过家家	Giocare all'ora del tè
玩捉迷藏	Nascondino
经常	Spesso
苹果派	Una torta di mele
动画片	Cartoni animati
狮子王	Il Re Leone
骑自行车	Andare in bici
分享秘密	Condividere segreti
他们做作业	Svolgono i compiti
最喜欢的科目	Materia preferita
成绩很差	Brutti voti
她上私人补习课	Lei prende lezioni private
简和米歇尔花在学习上的时间比玩的时间多	Jane e Michelle passano più tempo a studiare che a divertirsi
感到骄傲	Sono orgogliose di
中学	Scuole medie
非常亲密的朋友	Amiche intime
青少年(M/F)	Adolescente/i (M/0F)
没那么亲密	Meno vicine
他们长大了(成长)	Crescono (crescere)
他们不再对同样的事情感兴趣	Non hanno più gli stessi interessi
专注(M/F)	Concentrato/a (M/F)

学习	Studi
时尚	Moda
高中	Scuola superiore
久而久之	Col tempo
仅仅像熟人	Semplici conoscenti
男朋友	Ragazzo
密友(M/F)	Amico intimo/amica intima (M/F)
喜欢读书(M/F)	Ama leggere
女儿	Figlia(e)
简和米歇尔几乎不说话	Jane e Michelle parlano a malapena
难过	Triste
简和米歇尔不再是朋友了	Jane e Michelle non sono più amiche
你俩吵架了吗？	Avete litigato?
兴趣	Interessi
邀请她到家里来做客	Invitala a casa
没关系	Non importa
怎么了	Che cosa succede?
搬到	Trasferirsi
我们分手了	Ci lasciamo
独自(M/F)	Da solo/sola (M/F)
和我喝一杯	Vieni a bere qualcosa con me
我不想打扰你	Non voglio disturbarti
一起共度时光	Trascorrere del tempo insieme
维多利亚生病了	Victoria si ammala
照顾	Prendersi cura di…
准备饭菜	Preparano da mangiare
三天后	Tre giorni dopo
痊愈	Guarita
买	Comprare

连衣裙	Abiti
鞋子	Scarpe
裤子	Pantaloni
项链	Collana
外套	Cappotto
夹克	Giacca
学年	Anno scolastico
简考试不及格	Jane non passa i suoi esami
她先重修了她的课	Lei deve ripetere l'anno
荒废学业	Trascurare i suoi studi
米歇尔帮助简在学习上取得成功	Michelle aiuta Jane ad avere successo con gli studi

Storia 1: Infanzia, adolescenza e amicizia

Jane e Michelle si conoscono da quando erano piccole. Jane è bionda, Michelle è **mora**. La madre di Jane si chiama Mel. La madre di Michelle è Victoria. Victoria e Mel sono amiche **da molto tempo**. Jane è la **migliore amica** di Michelle.

Da bambine, amavano **giocare a campana, all'ora del tè** e a **nascondino**. Le loro madri le portano **spesso** al parco. Mel ama preparare le frittelle al cioccolato o la **torta di mele**. Jane e Michelle adorano anche guardare i **cartoni animati**. Amano guardare insieme "Barbie" e **"Il Re Leone"**.

Da quando hanno undici anni adorano praticare sport. Amano andare in **bici** e giocare a basket. A loro piace tanto anche **condividere segreti**. **Svolgono i compiti** insieme. La **materia preferita** di Michelle è il francese, quella di Jane sono le scienze.

A scuola, Jane ha **brutti voti** in matematica. **Prende lezioni private. Jane e Michelle passano più tempo a studiare che a divertirsi**. Michelle aiuta Jane a studiare. Mel e Victoria **sono orgogliose delle** loro figlie. Per ringraziarle, vanno in vacanza insieme alle loro famiglie.

Dalle elementari fino alle **scuole medie**, Jane e Michelle sono **amiche intime**.

Al liceo però, le due ragazze diventano **meno vicine. Crescono** e **non hanno più gli stessi interessi**. A Michelle interessano i libri ed è molto **concentrata** sui suoi **studi**. A Jane invece interessa essere alla **moda**, farsi conoscere alle **scuole superiori** e dai ragazzi. **Col tempo**, diventano **semplici conoscenti**.

Jane ha molte amiche ed una nuova amica del cuore: Lilly. Il **ragazzo** di Jane si chiama Lucas.

Anche Michelle ha una nuova **amica intima**. Il suo nome è Annie. Anche Annie **ama leggere** come Michelle.

Un sabato pomeriggio, Mel e Victoria invitano le loro **figlie** ad andare al cinema insieme. Il film è bello , ma **Jane e Michelle parlano a malapena.** Victoria è **triste. Jane e Michelle non sono più amiche.**

A casa, Victoria parla con Michelle:

- Tu e Jane **avete litigato**?
- No, perchè?
- Non le parli più.
- Ma no, ci parliamo.
- Ma non siete più amiche.
- Non abbiamo gli stessi **interessi.**
- **Invitala a casa.**
- No, grazie.
- Ma perché?
- Mamma, ora ha i suoi amici. E anche io ho la mia migliore amica. **Non importa** se non siamo più amiche.
- Ok, capisco.

Un pomeriggio, Michelle cammina nel parco. Vede Jane piangere su una sedia.

- Ciao Jane, **che cosa succede**? Perché stai piangendo?
- Ciao Michelle. Lucas e la sua famiglia **si trasferiscono** in un'altra città. **Ci lasciamo.**
- Mi spiace.
- Grazie.
- Dove sono le tue amiche?
- Non lo so. Non ci sono.

Jane sorride a Michelle e le chiede:

- E tu come stai?
- Sto bene, grazie. Non stare qui **da sola.** Vieni a **bere qualcosa con me**.
- No grazie. **Non voglio disturbarti**.
- Non mi disturbi. Ti sto invitando.
- Ok, ok. Grazie, Michelle. Sei davvero gentile.

Le due ragazze vanno al ristorante. Ordinano crepes al cioccolato e del succo. Jane racconta a Michelle i suoi problemi. Lilly non è veramente amica di Jane. Lilly è solo un'approfittatrice.

In serata, Jane si sente meglio. Racconta la sua giornata a sua madre.

Lucas se ne va. Jane dimentica la sua relazione con lui. Jane e Michelle iniziano a **trascorrere del tempo insieme**. Mel e Victoria sono felici.

Un giorno, **Victoria si ammala**. Jane aiuta Michelle a **prendersi cura di** Victoria. Annie visita Victoria. Michelle presenta la sua amica Annie a Jane. Jane è felice di incontrarla. Michelle invita Annie a pranzo a casa sua. Annie accetta con piacere. Jane e Michelle **preparano da mangiare**. Le tre ragazze mangiano insieme a mezzogiorno. Il pranzo è delizioso.

Tre giorni dopo, Victoria è **guarita**. Jane invita Michelle e Annie a fare shopping. Annie rifiuta l'invito perché ha da finire i compiti. Michelle accetta l'invito con piacere. Jane e Michelle **comprano** nuovi **abiti**, scarpe e **pantaloni**. Comprano una bellissima **collana** per Annie. Michelle prende un **cappotto** per sua madre e Jane compra una **giacca** alla sua.

Verso la fine dell'**anno scolastico, Jane non passa i suoi esami. Deve ripetere l'anno.** Jane è rammaricata. Chiede a Michelle di stare con lei. Michelle dice a Jane che è ancora sua amica. Jane decide di non **trascurare** più **i suoi studi**.

Jane e Michelle diventano quasi inseparabili. **Michelle aiuta Jane ad avere successo con gli studi**. Jane è felice. Michelle e Jane diventano amiche intime come prima.

故事 2：一个大家庭

丽娅来自一个**大家庭**。她有三个**兄弟姐妹**。她父亲的名字叫乔治。她妈妈的名字叫莱迪。乔治和莱迪的婚姻是**包办婚姻**。

他们的第一个孩子在他们**结婚**一年后**出生**。他们的**大女儿**名叫玛丽亚。理查德是第二个孩子。他和他的**祖父**，也就是他爸爸的父亲同名。丽娅是她父母的第三个孩子。吉娜是丽娅的**妹妹**。吉娜是家里**最小的**一个。**她长得很像她妈妈。**

丽娅在父亲这边有七个**堂兄妹**，四个女孩，三个男孩。在母亲这边有 7 个堂兄妹，5 个女孩和 2 个男孩。丽娅和她的兄弟姐妹与**他们母亲的家族**的关系很亲密。莉娅和吉娜经常去看望他们的**姨妈**乔斯琳：莱迪的**妹妹**。他们的外祖母很**慈祥**。他们的奶奶很严厉。他们的两个祖父都已经**去世**了。

卢克是这个家庭的朋友。他也是**邻居**。卢克是一个**单身父亲**。他女儿的名字叫凯瑟琳。凯瑟琳是**独生子**。她是个**孤儿**。丽娅和凯瑟琳关系很好。莉娅**几乎**就像凯瑟琳的姐姐。

乔治的一些家人住**在国外**。乔治的哥哥住在法国。他的妻子是法国人。两个**混血儿**是他们的组合而生的。每年，乔治都会组织一个大型的聚会，让全家人聚在一起。乔治很高兴见到他的兄弟姐妹，还有他的**侄子**侄女。

结婚十年后，乔治和莱迪开始经常争吵。他们有**婚姻问题**。莱迪被卢克**吸引**了。乔治有个**情妇**。她的名字叫吉赛尔。她三十岁了。**乔治和莱迪不再相爱了。**他们的婚姻是个错误。他们正在离婚。他们的孩子感到**很不安**。但这是最好的决定。

乔治离开了这个家。他搬到了吉赛尔家。吉娜**一直在哭**。莱迪解释说她的父亲不再和他们住在一起了。但他仍然爱吉娜和她的兄弟姐妹。丽娅**安慰**她的小妹妹。**理查德把她搂在怀**

里。乔治和他的**前妻**关系很好。**莱蒂开始了与卢克的浪漫关系**。

六个月后，乔治再婚了。他邀请莱迪，卢克和孩子们参加他的婚礼。但是莱迪不想来。吉娜和卢克陪着莱迪呆在家里。玛丽亚、理查德和丽娅参加了婚礼。

莱迪和卢克和他们的孩子**同居**。丽娅很高兴和凯瑟琳住在一起。此外，丽雅喜欢卢克。他就像她的第二个父亲。卢克和凯瑟琳的老房子要**出租**。

新**房客**是一对**退休的**老夫妇：克里斯托夫和克里斯汀·威尔逊。他们俩是孤独的。他们的子女和**孙子（女）**都已在国外生活多年。为了欢迎克利斯朵夫和克丽斯廷，玛丽亚**为他们**准备了一个很好的**蛋糕**。克里斯汀**亲切地**感谢她。她邀请玛丽亚和所有其他的孩子和她的**丈夫**一起**品尝**蛋糕。玛丽亚打电话给理查德、莉娅、吉娜和凯瑟琳，在威尔逊家吃蛋糕。玛丽亚把他们介绍给新邻居。

吉赛尔怀孕了。九个月后，**吉赛尔生下了她的第一个孩子**。他叫莱昂内尔。**一年半后**，莱昂内尔的小妹妹出生了。她的名字叫普莉斯卡。她和她母亲一样是金色头发。

随着**时间的流逝**。孩子们长大了。年龄大的长为了年轻人，年纪最小的长成了青少年。莉娅和她**同父异母的兄弟**姐妹相处得很好。她邀请他们和吉娜一起吃披萨。丽娅和吉娜越来越了解他们。很快，他们之间产生了友谊。

与此同时，理查德向凯瑟琳之间产生了**感情**。**他们坠入爱河**。但是**他们害怕**卢克和莱迪的反应。**除了**丽娅，他们谁都不知道他俩的关系。但迟早，卢克和莱迪会**发现**这对**恩爱情侣**的关系。他们的父母赞成他们在一起。

一年后，**理查德向凯瑟琳求婚**。凯瑟琳**跳**到理查德的怀里接受了。理查德和凯瑟琳安排他们的**订婚**。丽娅感到很快乐。

她最好的朋友成了她的**嫂子**。丽娅帮哥哥给凯瑟琳挑选**订婚戒指**。在订婚宴会上，乔治邀请他的**儿媳妇**跳舞。12 个月后，他的**孙子**出生了。他的名字叫彼得。彼得的眼睛长得像他母亲凯瑟琳。

过了一会儿，轮到玛丽亚结婚了。她的丈夫是一个高大、富有、**英俊的男人**。他叫约翰·杰克逊。不幸的是，这对夫妇不能生育。约翰的母亲对这种情况感到**不安**。她唯一的儿子必须有**继承人**。**玛丽亚承受**着来自**公婆**的**巨大压力**。她**不知道**她是否应该和约翰分开。约翰告诉她永远不要那样想。她是他的妻子并且他很爱她。他们必须一起**处理他们的问题**。为了解决他们的问题，约翰和玛丽亚领养了一个儿子。三年后，奇迹发生了。玛丽亚最终怀孕了。她生了一个漂亮的小女孩：露西娅。

Vocabolario

一个大家庭	Una grande famiglia
兄弟姐妹	Fratelli
包办婚姻	Un matrimonio combinato
出生	Nato
结婚	Nozze
大女儿	Primogenita
祖父	Bisnonno
妹妹	Sorella minore
最小的	Più piccola
她长得很像她妈妈	(Lei) assomiglia molto a sua madre
堂兄妹	Cugino(i) di primo grado
他们母亲的家族	La famiglia della loro madre
姨妈	Zia
妹妹	La sorella minore
慈祥(M/F)	Gentile (M/F)
去世	Morto(i)
邻居	Un vicino di casa
单身父亲	Padre single
独生子	Figlio unico
孤儿	Orfana di madre
几乎	Quasi
在国外	All'estero
混血儿	Etnia mista
侄子	Nipote(i)
婚姻问题	Problemi di coppia
吸引	Attratta da
情妇	Amante
乔治和莱迪不再相爱了	George e Lydie non si amano più

不安	Arrabbiato(i)
哭泣	Piangere
安慰	Rasserenare
理查德把她搂在怀里	Richard la prende tra le braccia
前妻	Ex moglie
莱蒂开始了与卢克的浪漫关系	Lydie inizia una relazione romantica con Luke
同居	Convivenza
出租	In affitto
房客	Inquilino(i)
退休的	Pensionato(i)
孙子(女)	Nipoti
蛋糕	Torta
亲切地	Calorosamente
品尝	Assaggiare
丈夫	Marito
吉赛尔怀孕了	Gisèle rimane incinta
吉赛尔生下了她的第一个孩子	Gisèle partorisce il suo primo figlio
一年半后	Un anno e mezzo
时间的流逝	Il tempo passa
同父异母的兄弟	Fratellastro
与此同时	Nel frattempo
感情	Sentimenti
他们坠入爱河	Si innamorano
他们害怕	Sono spaventati
除了	Tranne che
发现	Scoprono
恩爱情侣	Piccioncini
理查德向凯瑟琳求婚	Richard chiede a Catherine di sposarlo
跳	Saltare (salta)
订婚	Fidanzamento

订婚戒指	Anello di fidanzamento
儿媳妇	Nuora
嫂子	Cognata
孙子	Nipote
英俊的男人	Uomo affascinante
不安(M/F)	Seccato/a
继承人	Erede
玛丽亚承受着巨大压力	Maria subisce molte pressioni
公婆	Suoceri
不知道	Domandarsi
处理他们的问题	Affrontare il loro problema

Storia 2: Una grande famiglia

Lea viene da una **grande famiglia**. Ha tre **fratelli**. Suo padre si chiama George e sua madre Lydie. Il matrimonio tra George e Lydie è **combinato**.

Il loro primo figlio è **nato** un anno dopo le **nozze**. La loro **primogenita** si chiama Maria. Richard è il secondo figlio. Ha lo stesso nome del suo **bisnonno**, il nonno di suo padre. Léa è la terza. Gina è la **sorella minore** di Léa. Gina è la **più piccola** della famiglia. **Assomiglia molto a sua madre**.

Lea ha sette **cugini di primo grado** dalla parte di suo padre, quattro ragazze e tre ragazzi. Ne ha anche sette materni, cinque ragazze e due ragazzi. Léa e i suoi fratelli sono più vicini **alla famiglia della loro madre**. Leah e Gina visitano spesso la loro **zia** Jocelyne: **la sorella minore** di Lydie. La loro nonna materna è molto **gentile**. La paterna è severa. I due nonni sono già **morti**.

Luc è un amico di famiglia. È anche un **vicino di casa**. Luc è un **padre single**. Sua figlia si chiama Catherine. È **figlia unica**. Ed è anche **orfana di madre**. Léa e Catherine sono molto vicine. Leah è **quasi** come una sorella per Catherine.

Alcuni membri della famiglia di George vivono **all'estero**. Suo fratello maggiore vive in Francia. Sua moglie è francese. Due figli di **etnia mista** sono nati dalla loro unione. Ogni anno, George organizza una grande festa in cui tutta la famiglia si incontra. George è felice di vedere i suoi fratelli e sorelle, così come i suoi **nipoti.**

Dopo dieci anni di matrimonio, George e Lydie iniziano a discutere spesso. Hanno **problemi di coppia**. Lydie è **attratta da** Luke. George ha una **amante**. Il suo nome è Gisèle. Ha trent'anni. **George e Lydie non si amano più**. Il loro matrimonio è stato un errore. Stanno divorziando. I loro figli sono **arrabbiati**. Ma questa è la migliore decisione possibile.

George lascia la casa. Si trasferisce da Gisèle. Gina **piange**. Lydie le spiega che suo padre non vive più con loro, ma ama ancora Gina e i suoi fratelli. Lea **rasserena** la sua sorellina. **Richard la prende tra le braccia**. George rimane in buoni rapporti con la sua **ex moglie. Lydie inizia una relazione romantica con Luke**.

Sei mesi dopo, George si risposa. Invita Lydie, Luc e i bambini al suo matrimonio. Lydie però non vuole venire. Gina e Luc restano a casa con Lydie. Maria, Richard e Léa partecipano al matrimonio.

Lydie e Luc iniziano una **convivenza** assieme ai loro figli. Lea è felice di vivere con Catherine. E poi, adora Luc. È come un secondo padre per lei. La vecchia casa di Luc e Catherine è **in affitto**.

I nuovi **inquilini** sono una vecchia coppia di **pensionati**: Christophe e Christine Wilson. Sono soli. I loro figli e **nipoti** vivono tutti all'estero da anni. Maria prepara una bella **torta** per accogliere Christophe e Christine. Quest'ultima la ringrazia **calorosamente**. Invita quindi Maria e tutti gli altri bambini ad assaggiare la torta con suo **marito**. Maria chiama Richard, Leah, Gina e Catherine per mangiare la torta dai Wilson. Maria li presenta ai nuovi vicini.

Gisèle rimane incinta. Nove mesi dopo, **partorisce il suo primo figlio**. Lo chiama Lionel. La sua sorellina più piccola nasce dopo **un anno e mezzo**. Si chiama Prisca. È bionda come sua madre.

Il tempo passa. I bimbi crescono. I più grandicelli diventano giovani adulti, e i più piccoli adolescenti. Leah va d'accordo col suo **fratellastro** e la sua sorellastra. Assieme a Gina, li invita a mangiare le pizze insieme. Leah e Gina li conoscono meglio. Presto, tra loro nascerà un'amicizia.

Nel frattempo, nascono dei **sentimenti** tra Richard e Catherine. **Si innamorano**. Ma **sono spaventati** della reazione di Luc e Lydie. Nascondono la loro relazione a tutti, **tranne che** a Léa. Casualmente, però, Luc e Lydia **scoprono** il rapporto tra i due **piccioncini**. I loro genitori approvano la relazione.

Un anno dopo, **Richard chiede a Catherine di sposarlo**. Catherine **salta** tra le braccia di Richard e accetta. Richard e Catherine organizzano il loro **fidanzamento**. Lea è felice. La sua migliore amica diventa sua **cognata**. Leah aiuta suo fratello a scegliere un **anello di**

fidanzamento per Catherine. Durante la festa di fidanzamento, George invita la sua **cognata** a ballare. Suo **nipote** nasce dodici mesi dopo. Il suo nome è Peter. Peter ha gli occhi di sua madre Catherine.

Dopo un po', è il turno di Maria di sposarsi. Suo marito è un **uomo affascinante**, alto e ricco. Il suo nome è John Jackson. Sfortunatamente, la coppia non può avere figli. La madre di John è **irritata** dalla situazione. Il suo unico figlio deve avere un **erede. Maria subisce molte pressioni** dai suoi **suoceri.** Si **domanda** se dovrebbe lasciare John. Lui le dice di non pensarci mai. È sua moglie e la ama. Dovranno **affrontare il loro problema** insieme. Per risolverlo, John e Maria adottano un figlio. Tre anni dopo, accade un miracolo. Maria alla fine rimane incinta. Dà alla luce una splendida bimba: Lucia.

故事 3：对音乐的热爱

唱歌是克里斯蒂安最喜爱的**消遣**。他妈妈的名字叫珍妮。他父亲的名字叫阿兰。在两岁到四岁之间，克里斯蒂安喜欢**听童谣**。他喜欢**哼唱**它们。五岁时，克里斯蒂安就能**阅读**了。他喜欢**唱卡拉 ok**。

九岁时，他参加了一个儿童**歌唱比赛**。克里斯蒂安很有天赋。评审团成员对此印象深刻。克里斯蒂安是这次比赛的决赛选手**之一**。**比赛获胜者**是一个 12 岁的男孩。**克里斯蒂安获得二等奖**。他得到了**游戏机**、自行车、**钱**和**出国度假**的机会。他还赢得了一张去迪斯尼乐园的门票。

阿兰和珍妮为他们的孩子感到非常自豪。他们**祝贺他**并**亲吻他**。

阿兰和珍妮正在为克里斯蒂安的十岁生日组织一个大型**派对**。他们邀请了全家人和一些**同学**。在四点钟，**克里斯蒂安许了一个愿望**。然后他**吹灭**生日蛋糕上的**蜡烛**。**每个人**都鼓掌。客人们向克里斯蒂安赠送**礼物**。

六点钟聚会结束。人们开始回家。克里斯蒂安的父母感谢他们。**克里斯蒂安打开他的礼物**。克里斯蒂安**收到**了新鞋子、新**衣服**和新**玩具**。他的父母送给他了一双**旱冰鞋**。

晚餐，珍妮准备她**最喜欢的菜**。八点时他们开始吃饭。他们吃了通心粉和**奶酪**。

克里斯蒂安在**壁橱**里看到一把旧吉他。**克里斯蒂安自学弹吉他**。他妈妈**注意到**了他。她给他买了一把新吉他。**她为儿子寻找**一所音乐学校。克里斯蒂安开始上**吉他课**。

克里斯蒂安 11 岁时在学校的一个派对上唱歌。**语音老师**注意到了。**他问候了克里斯蒂安**和他的父母。然后他做了自我介绍。他当了二十五年的歌唱教师。克里斯蒂安有一副美妙的嗓音。西里尔想教他唱歌。珍妮和阿兰接受了这个建议。这是一个很好的机会。克里斯蒂安遇到西里尔的另一个学生。她的名字叫安娜。安娜弹钢琴。**克里斯蒂安和安娜年龄相仿。他们成为了朋友。**

克里斯蒂安 12 岁时上了六年级。在中学，他的成绩很差。克里斯蒂安太专注于音乐和唱歌。他的父亲要求他集中精力学习。克里斯蒂安**放弃**了音乐。他在学校的成绩变好了。

十六岁时，克里斯蒂安进入高中。他学习如何**管理业余爱好**和学习的**时间**。他继续音乐和唱歌。在高中，克里斯蒂安遇到了其他年轻人。他们也创作音乐。肯弹吉他。尼克打鼓。**克里斯蒂安与尼克和肯相处得很好**。尼克邀请克里斯蒂安和肯一起演奏音乐。他在家里有一间演播室。**他有鼓，**一把原声吉他和一个合成器。克里斯蒂安邀请安娜和他们一起玩。

在星期六早上，克里斯蒂安、肯和安娜去了尼克的家。尼克把他的新朋友介绍给他的父母。尼克的父亲以前是**鼓手**。他母亲是前**唱诗班歌手**。她**姐姐**拉**小提琴**。尼克来自一个艺术世家。

四个年轻人走进演播室。每个人都会演奏他们的乐器。他们演奏**著名的歌曲**。克里斯蒂安和安娜**同时**在唱歌。尼克的妈妈给每个人准备了**果汁**。四个年轻人变得形影不离。对音乐的热爱使他们团结在一起。

几个月后，西里尔打电话给他们，请求他们活跃派对气氛。克里斯蒂安、安娜、尼克和肯都很兴奋。但他们都**怯场**。**安娜脸红**了。肯在**出汗**。尼克感到**胃疼**。**克里斯蒂安的手在颤抖**。他和他的朋友们第一次**在舞台上**表演。他们的父母和家人都在现场。

最后，**一切进展顺利**。**音响系统**无懈可击。这些**歌手**唱得很好。歌单也选得很好。在场的人都很满意。该组织收到了公众的祝贺。西里尔对他们的**表现**很满意。他给了他们**报酬**。

夜幕降临。**克里斯蒂安饿得像只狼**。阿兰想要**庆祝**这第一次的**成功**。他邀请四个音乐家到餐馆。他还邀请了西里尔。

时间的流逝。克里斯蒂安和他的朋友们完成了高中学业。安娜离开了这个国家。她继续在国外学习。**她的学业持续了好几年**。克里斯蒂安**很伤心**。**他感到心碎了**。

克里斯蒂安半夜醒来。他朋友的离开使他来了灵感。他拿了一张纸和一支**笔**。他写歌的**歌词**。然后克里斯蒂安拿起他的吉他。他谱写了这首歌的旋律。这是一首忧郁的歌。第一**节讲述**了一段不可能的爱情。第二节讲述了分离。**副歌部分描述**了歌手的感情。

第二天，克里斯蒂安用他的吉他弹唱了他的歌。肯、尼克、西里尔、珍妮和阿兰是他的听众。**克里斯蒂安的父母被这首歌感动了**。这是一首非常**辛酸**的歌曲。这是一个美丽的爱的宣言。肯和尼克喜欢这首歌。

这三个小男孩开始了他们的音乐生涯。他们招募了一位新的钢琴家。她的名字叫琼。琼是西里尔的侄女。克里斯蒂安、尼克、肯和琼创建了他们的乐队。他们称之为"Ong'stu"。然后他们**录下**克里斯蒂安的**歌**。这首歌的**歌名**是"献给你"。一个月后，**他们发布了第一首单曲**。几天后，这首歌就成了**热门歌曲**。克里斯蒂安将这首歌献给安娜。安娜很感动。她感谢克里斯蒂安。

西里尔为乐队 Ong'Stu 创作了三首歌曲。克里斯蒂安和琼还创作了其他歌曲。阿兰和西里尔帮助他们。

六个月后，克里斯蒂安、琼恩、尼克和肯发行了他们的第一张专辑。六周后，他们举办了第一场音乐会。**观众挤满了礼堂**。歌迷们熟记这些歌曲。表演持续一个半小时。

克里斯蒂安想着安娜。**他的梦想实现了。**

Vocabolario

唱歌	Cantare
消遣	Passatempo, hobby
听	Ascoltare
童谣	Filastrocca(che)
哼唱	Canticchiare
阅读	Leggere
唱卡拉 Ok	Cantare al karaoke
歌唱比赛	Una gara di canto
之一	Tra
比赛获胜者	Il vincitore del concorso
克里斯蒂安获得二等奖	Christian vince il secondo premio
他上音乐课	Prende lezioni di musica
一个游戏机	Una console da gioco
钱	Soldi
出国度假	Vacanze all'estero
祝贺	Congratularsi
亲吻	Baciano
派对	Festa
同学	Compagno(a/i) di classe
许愿(克里斯蒂安许了一个愿望)	Esprimere un desiderio (Christian esprime un desiderio)
吹灭蜡烛(他吹灭了蜡烛)	Soffiare le candeline (lui soffia le candeline)
每个人	Tutti
礼物	Regalo(i)
打开他的礼物(克里斯蒂安打开他的礼物)	Scartare i suoi regali (Christian scarta i suoi regali)
收到	Ricevere
衣服	Abiti

玩具	Giocattoli
旱冰鞋	Pattini
最喜欢的菜	Piatto preferito
奶酪	Formaggio
壁橱	Guardaroba
克里斯蒂安自学弹吉他	Christian impara da solo a suonare la chitarra
注意(他妈妈注意到了他)	Notare (sua madre lo nota)
寻找(她寻找...)	Cercare (lei cerca ...)
儿子	Figlio
吉他课	Lezioni di chitarra
语音老师	Insegnante di canto
克里斯蒂安和安娜年龄相仿	Christian e Anna hanno la stessa età
他们成为了朋友	Diventano amici
问候(他问候了克里斯蒂安)	Salutare (saluta Christian)
放弃(克里斯蒂安放弃了音乐)	Lasciare (Christian lascia la musica)
管理时间	Gestire il tempo
爱好	Hobby
与...相处得很好(克里斯蒂安与尼克和肯相处得很好)	Andare d'accordo ... (Christian va molto d'accordo con Nick e Ken)
有(他有)	Avere (Lui ha)
鼓	Batteria
鼓手	Batterista
姐姐	Sorella maggiore
唱诗班歌手	Corista, seconda voce
小提琴	Violino
著名的歌曲	Canzoni conosciute, canzoni famose
同时	Contemporaneamente
果汁	Succo
他们怯场	Hanno paura del palcoscenico

脸红(安娜脸红了)	Arrossire (Anna arrossisce)
出汗	Sudato
胃	Stomaco
手	Mano(i)
颤抖(克里斯蒂安的手在颤抖)	Tremare (le mani di Christian tremano)
在舞台上	Sul palco
音响系统	Sistema sonoro
歌手	Cantante(i)
表现	Prestazione
报酬	Paga
夜幕降临	Scende la notte
克里斯蒂安饿得像只狼	Christian ha una fame da lupo
庆祝	Festeggiare
成功	Successo
她的学业持续了好几年	I suoi studi durano diversi anni
很伤心	Molto triste
一切进展顺利	Va tutto bene
他感到心碎了	Il suo cuore è spezzato
克里斯蒂安半夜醒来	Christian si sveglia nel cuore della notte
笔	Penna
歌词	Testo
节	Strofa
讲述	Racconta
副歌	Ritornello
描述(副歌部分描述)	Descrivere (il ritornello descrive ...)
第二天	Il giorno successivo
克里斯蒂安的父母被这首歌感动了	I genitori di Christian sono toccati dalla canzone
辛酸的	Commovente

他们录下了这首歌	Registrano la canzone
歌名	Titolo del brano
他们发布了第一首单曲	Viene rilasciato il loro primo singolo
热门歌曲	Hit
挤满(观众挤满了礼堂)	Riempire (I fan riempiono l'auditorium)
熟记	A memoria
他的梦想实现了	Il suo sogno diventa realtà

Storia 3: Una passione per la musica

Cantare è il **passatempo** preferito di Christian. Sua madre si chiama Jeanne e suo padre Alain. Tra i due e i quattro anni di età, a Christian piace molto **ascoltare** le **filastrocche**. Gli piace **canticchiarle**. A cinque anni, Christian sa **leggere**. Gli piace **cantare al karaoke**.

A nove anni, partecipa a **una gara di canto** per bambini. Christian ha molto talento. I membri della giuria sono impressionati. Christian è **tra** i finalisti della competizione. **Il vincitore del concorso** è un ragazzo di dodici anni. **Christian vince il secondo premio**. Ottiene **una console di gioco**, una bicicletta, dei **soldi** e **una vacanza all'estero**. Vince anche un biglietto per Disneyland.

Alain e Jeanne sono molto orgogliosi del loro bambino. Si **congratulano con lui** e **lo baciano**.

Alain e Jeanne organizzano un grande **festa** per il decimo compleanno di Christian. Invitano tutta la famiglia e alcuni **compagni di classe**. Alle quattro, **Christian esprime un desiderio**. Poi **soffia le candeline** sulla torta di compleanno. **Tutti** applaudono. Gli ospiti offrono dei **regali** a Christian.

Alle sei, la festa finisce. Le persone vanno a casa. I genitori di Christian li ringraziano. **Christian scarta i suoi regali**. Christian **riceve** scarpe, **abiti** e **giocattoli** nuovi. I suoi genitori gli prendono i **pattini**.

Per cena, Jeanne gli prepara il suo **piatto preferito**. Alle otto cenano. Mangiano maccheroni al **formaggio**.

Christian vede una vecchia chitarra **nel guardaroba. Christian impara da solo a suonare la chitarra**. Sua madre lo **nota**. Gli compra una nuova chitarra. **Lei cerca** una scuola di musica per suo **figlio**. Christian inizia a prendere **lezioni di chitarra**.

A undici anni, Christian canta ad una festa nella sua scuola. Un **insegnante di canto** lo nota. **Saluta Christian** e i suoi genitori. Quindi si presenta. Insegna canto da venticinque anni. Christian ha una bella voce. Cyril desidera insegnargli a cantare. Jeanne e Alain accettano la proposta. È una grande opportunità. Christian incontra un'altra studentessa di Cyril. Il suo nome è Anna. Anna suona il piano. **Christian e Anna hanno la stessa età. Diventano amici**.

A dodici anni, Christian inizia la prima media. In questa scuola prende dei cattivi voti. Christian è troppo concentrato sulla musica e il canto. Suo padre gli chiede di concentrarsi sugli studi. Christian **lascia la musica**. Ottiene voti migliori a scuola.

A sedici anni, Christian inizia le superiori. Impara a **gestire il suo tempo** tra **hobby** e studi. Continua con la musica e il canto. Al liceo, Christian incontra altri giovani. Fanno anche loro musica. Ken suona la chitarra. E Nick la batteria. **Christian va molto d'accordo con Nick e Ken**. Nick invita Christian e Ken a suonare insieme. Ha uno studio a casa. **Lui ha** la **batteria**, una chitarra acustica e un sintetizzatore. Christian invita Anna a suonare con loro.

Sabato mattina, Christian, Ken e Anna vanno a casa di Nick. Nick presenta i suoi nuovi amici ai suoi genitori. Il padre di Nick è un ex **batterista**. Sua madre è una ex **corista**. Sua **sorella maggiore** suona il **violino**. Nick viene da una famiglia di artisti.

I quattro giovani entrano nello studio. Tutti suonano il loro strumento musicale. Suonano **canzoni famose**. Christian e Anna cantano **contemporaneamente**. La mamma di Nick offre del **succo di frutta** a tutti. I quattro giovani diventano inseparabili. L'amore per la musica li unisce.

Alcuni mesi dopo, Cyril li chiama ad animare una festa. Christian, Anna, Nick e Ken sono entusiasti. Ma **hanno paura del palcoscenico. Anna arrossisce**. Ken è **sudato**. Nick ha **mal di stomaco. Le mani di Christian tremano**. Lui e i suoi amici suonano **su un palco** per la prima volta. I loro genitori e famiglie sono tutti presenti.

Alla fine, **va tutto bene.** Il **sistema sonoro** è impeccabile. I **cantanti** cantano bene. La scaletta delle canzoni è ben scelta. Tutti i presenti sono soddisfatti. Il gruppo riceve le congratulazioni del pubblico. Cyril è felice della loro **prestazione**. Gli dà la loro **paga**.

Scende la notte. Christian ha una fame da lupo. Alain desidera **festeggiare** questo primo **successo**. Quindi invita i quattro musicisti al ristorante. Chiama anche Cyril.

Il tempo passa. Christian e i suoi amici finiscono il liceo. Anna lascia il paese. Continua a studiare all'estero. **I suoi studi durano diversi anni**. Christian è **molto triste. Il suo cuore è spezzato**.

Christian si sveglia nel cuore della notte. È ispirato dalla partenza della sua amica. Prende carta e **penna**. Scrive il **testo** di una canzone. Poi Christian prende la sua chitarra. Compone la melodia della canzone. È un brano malinconico. La prima **strofa racconta** un amore impossibile. La seconda parla della separazione. Il **ritornello descrive** i sentimenti del cantante.

Il giorno successivo, Christian canta la sua canzone con la chitarra. Ken, Nick, Cyril, Jeanne e Alain lo ascoltano. **I genitori di Christian sono toccati dalla canzone**. È davvero **commovente**. Ed è una bellissima dichiarazione d'amore. Ken e Nick adorano la canzone.

I tre giovani iniziano la loro carriera professionale nella musica. Reclutano una pianista. Il suo nome è June. June è la nipote di Cyril. Christian, Nick, Ken e June creano la loro band. La chiamano "Ong'Stu". Poi **registrano** la **canzone** di Christian. Il **titolo del brano** è "Per te". Un mese dopo, **viene rilasciato il loro primo singolo.** In pochi giorni, la canzone diventa una **hit**. Christian dedica la canzone ad Anna. Anna si commuove. Lei ringrazia Christian.

Cyril compone tre canzoni per la band Ong'Stu. Anche Christian e June compongono altre canzoni. Alain e Cyril li aiutano.

Dopo sei mesi, Christian, June, Nick e Ken pubblicano il loro primo album. Sei settimane dopo, fanno il loro primo concerto. **I fan riempiono l'auditorium**. Conoscono le canzoni **a memoria**. Lo spettacolo dura un'ora e mezza.

Christian pensa ad Anna. **Il suo sogno diventa realtà**.

故事 4：一個普通家庭的生活

艾琳 13 岁了。她是一个**女学生**。她喜欢写作。她母亲给了她一本**日记**。她把她的**想法**写在这本日记里。**她把它存放**在她的**抽屉**里。

从星期一到星期五，**艾琳**每天早上六点半**起床**。**她去洗澡**。星期三，**她洗头发**。**她清洗她的耳朵**。**她刷牙**。她剪**指甲**。她六点四十五分离开**浴室**。她用**毛巾擦**干身子。**她穿好衣服，穿上鞋子**。**她梳头发**。她拿着**书包**。然后她离开了她的**卧室**。

七点钟她去**餐厅**。她和她的父亲一起**吃早餐**。七点十五分，她离开了家。她去**公共汽车站**。她乘公共汽车。七点四十五分她到达学校。

铃在七点五十**响**。学生们去**教室**。每个人都**坐**在自己的位置上。开始上课。休息时间是九点四十五分。十点钟继续上课。早上上课在中午结束。

艾琳去了**食堂**。她和两个女朋友一起吃**午饭**。午饭后，她去学校图书馆。她有自己的位置。她阅读、写作或**做家庭作业**。有时**她睡着了**。

下午 13:30 开始上课。他们在五点钟下课。艾琳乘公共汽车回来。艾琳晚上六点到家。她把包**放**在房间里。她下楼去吃**点心**。她休息了一会儿，直到她妈妈回来。

　　这家人大约八点钟吃晚饭。然后艾琳脱掉鞋子，**脱下衣服**，洗了个澡。她把脏衣服放在**脏衣桶**里。她穿上睡衣。然后她**学习**功课，做作业。她在日记中详细叙述了她的一天。在大约九点钟，她去睡觉。她看了会儿书然后睡着了。

　　星期六，艾琳大约九点半醒来。艾琳是个用功的学生。星期六早上，她完成了**前一天未完成的**作业。然后她学习或复习她的课程。

　　星期六下午，艾琳上完芭蕾舞课。她的母亲送她下车。然后**她**在四点钟**接艾琳**。

　　星期天，艾琳和她的家人一起做一些活动。他们呆在家里或出去。

　　艾琳的姐姐是莱斯利。她二十五岁了。她是个**年轻的毕业生。莱斯利没有工作**。她和父母住在一起。她喜欢和朋友们**共度时光**。她喜欢**和朋友闲聊**。她也喜欢**化妆**。

　　每天早上，莱斯利十点钟醒来。她做好了准备，走出了屋子。**她锁上门**。她去了房子的车库。她戴上**摩托车头盔**。**她发动了摩托车**后离开了。

莱斯利有一份临时工作。她在一家小餐馆当**服务员**。**她做兼职**。10 点 20 分，她到达餐厅。她喝咖啡，吃**面包和黄油**。然后她穿上**女服务员服装**开始工作。

昆汀是这家餐馆的**常客**。**他一直向莱斯利示爱**。昆汀每天都给莱斯利**慷慨的小费**。这个年轻的女人感到很**不安**。

1 点钟时她休息 15 分钟。**她吃了些点心**，继续她的服务。**莱斯利吃得不多**。她害怕**长胖**。**她瘦得皮包骨头**。

六点钟，莱斯利结束了她的服务。六点半时，她在酒吧和朋友们聚会。

星期五晚上，莱斯利和她的朋友们去**夜总会**。她在早上一点钟回来。有时朋友在她家过夜。星期六早上，莱斯利**筋疲力尽**。**她早上睡得很晚**。莱斯利中午醒来。她要去吃午饭。在下午，她看中篇小说或与她的朋友去看电影。

莱斯利和艾琳的妈妈叫斯蒂芬。斯蒂芬是一所小学的**老师**。Stephy 喜欢孩子，也喜欢她的工作。每天晚上她都为孩子们准备第二天的课程。考试后，她有时**熬夜**。**她批改学生的考卷**。斯蒂芬知道她所有学生的名字。星期三下午**不上课**。**她有一些空闲时间**。

史蒂芬的丈夫叫罗伯。**罗布在计算机科学领域工作**。Rob 是一名开发人员。他在办公室工作。**他总是**坐在**电脑**前。他在键盘上键入几行代码。罗布还负责维护他工作场所的电脑。他是 IT 经理。罗布额外工作很长时间。艾琳发现他工作时间太长了。艾琳担心她的父亲劳累过度。

Vocabolario

女学生	Studentessa
日记	Diario
想法	Pensieri
存放(她存放它)	Conservare (lo conserva)
抽屉	Cassetto
起床(艾琳起床)	Svegliarsi (Aline si sveglia)
洗澡(她去洗澡)	Fare la doccia (fa la doccia)
她洗头发	Si lava i capelli
她清洗她的耳朵	Si pulisce le orecchie
她刷牙	Lei si lava i denti
指甲	Unghie
浴室	Bagno
擦干(她擦干)	Asciugare (si asciuga)
毛巾	Asciugamano
她穿好衣服，穿上鞋子	Si veste e si mette le scarpe
她梳头发	Lei si pettina i capelli
书包	Zaino
卧室	Camera da letto
餐厅	Sala da pranzo
吃早餐(她吃早餐)	Fare colazione (fa colazione)
公共汽车站	Fermata dell'autobus
铃响	La campanella suona
教室	Aula
坐下	Siedono
食堂	Caffetteria
午饭	Pranzo
做她/他的家庭作业(她做她的家庭作业)	Fare i suoi compiti (lei fa i compiti)
她睡着了	Si addormenta
下午	Pomeriggio

放	Lascia
点心	Spuntino
脏衣桶	Cestino della biancheria
脱下衣服(她脱下衣服)	Spogliarsi (si spoglia)
学习(她学习)	Ripassare (ripassa)
未完成的	Incompleto
前一天/前一天晚上/前一天晚上	Il giorno prima/la sera prima/la sera prima
她接艾琳	Passa a prendere Aline
年轻的毕业生	Giovane laureato/a
莱斯利没有工作	Leslie è disoccupata
共度时光	Trascorrere il tempo
和…闲聊	Spettegolare con
化妆	Trucco
她锁上门	Chiude la porta a chiave
摩托车头盔	Casco per la moto
她发动了摩托车	La mette in moto
服务员	Cameriera
她做兼职	Lavora part-time
面包和黄油	Pane e burro
女服务员服装	Uniforme da cameriere
常客	Cliente abituale
他一直向莱斯利示爱	Fa la corte a Leslie
慷慨的小费	Suggerimento generoso
不安	A disagio
吃了些点心(她吃了些点心)	Per fare uno spuntino (lei fa uno spuntino)
莱斯利吃得不多	Leslie non mangia molto
长胖	Ingrassare
她瘦得皮包骨头	è tutta pelle e ossa
夜总会	Discoteca
筋疲力尽	Esausta
她睡得很晚	Lei dorme fino a tardi
老师	Insegnante

熬夜	Rimane in piedi fino a tardi
她批改学生的考卷	Corregge i compiti in classe dei suoi studenti
不上课	Non c'è scuola
她有一些空闲时间	Lei ha del tempo libero
罗布在计算机科学领域工作	Rob lavora in campo informatico
总是	Sempre
电脑	Computer
键入(他键入...)	Digitare (digita...)
键盘	Tastiera
IT 经理	Manager informatico
罗布额外工作很长时间	Rob fa molte ore di straordinari
他工作时间太长了	Lui lavori troppo
劳累过度(皮特劳累过度)	Sovraccaricarsi (Peter si sta sovraccaricando)

Storia 4: Vita di una famiglia normale

Aline ha tredici anni. È una **studentessa**. Ama scrivere. Sua madre le regala un **diario**. Lì ci scrive i suoi **pensieri. Lo conserva** in un **cassetto**.

Dal lunedì al venerdì, **Aline si sveglia** alle sei e mezza ogni mattina. **Fa una doccia**. Di mercoledì, **si lava i capelli. Si pulisce le orecchie. Si lava i denti**. Si taglia le **unghie**. Lascia il **bagno** alle sei e quarantacinque. **Si asciuga** con un **asciugamano. Si veste e si mette le scarpe. Si spazzola i capelli**. Prende il suo **zaino**. Quindi la lascia **camera da letto**.

Alle sette si reca nella **sala da pranzo. Fa colazione** con suo padre. Alle sette e un quarto, lascia la casa. Si reca alla **fermata dell'autobus**. Prende l'autobus. Alle sette e quarantacinque arriva a scuola.

La campanella suona alle sette e cinquanta. Gli studenti vanno nelle loro **aule**. Tutti **si siedono** al proprio posto. Le lezioni iniziano. La ricreazione è alle nove e quarantacinque. Le lezioni continuano fino alle dieci. Al mattino le lezioni terminano a mezzogiorno.

Aline si reca in **caffetteria**. Lì consuma il suo **pranzo** con due amiche. Dopodiché, va alla biblioteca della scuola. Prende un posto. Legge, scrive o **fa i suoi compiti.** Qualche volta **si addormenta**.

Nel **pomeriggio**, le lezioni iniziano alle 13:30. Finiscono alle cinque. Aline prende l'autobus. Arriva a casa alle diciotto. **Lascia** la borsa nella sua stanza. Scende e fa uno **spuntino**. Si prende una pausa fino all'arrivo di sua madre.

La famiglia cena intorno alle otto. Poi Aline si toglie le scarpe, **si spoglia** e si lava. Lascia il suo bucato sporco nel **cestino della biancheria**. Si mette il pigiama. Poi **ripassa** le sue lezioni e fa i compiti. Racconta la sua giornata nel suo diario. Verso le 21, va a letto. Legge e si addormenta.

Di sabato, Aline si sveglia alle nove e mezza. È una studentessa diligente. Il sabato mattina termina i compiti **incompleti del giorno prima**. Quindi studia o ripassa le sue lezioni.

Sabato pomeriggio, Aline segue delle lezioni di danza classica. La accompagna lì sua madre. Poi **passa a prendere Aline** alle quattro.

Domenica, Aline svolge alcune attività con la sua famiglia. Stanno a casa o escono.

La sorella maggiore di Aline è Leslie. Ha venticinque anni. È una **giovane laureata. Leslie è disoccupata**. Vive con i suoi genitori. Ama **trascorrere il tempo** con i suoi amici. Le piace **spettegolare** assieme ad un'amica. Anche lei ama il **trucco**.

Ogni mattina Leslie si sveglia alle dieci. Si prepara e esce di casa. **Chiude la porta a chiave**. Si reca al garage di casa. Lì indossa **casco per la motocicletta. La mette in moto** e se ne va.

Leslie ha un lavoro temporaneo. È una **cameriera** in un piccolo ristorante. **Lavora part-time**. Alle dieci e venti, arriva al ristorante. Prende un caffè e mangia **pane e burro**. Quindi indossa la sua **uniforme da cameriera.** Inizia quindi a lavorare.

Quentin è un **cliente abituale** del ristorante. **Sta facendo la corte a Leslie**. Ogni giorno, Quentin dà a Leslie una **generosa mancia**. La ragazza si sente a **disagio**.

All'una fa una pausa di quindici minuti. **Fa uno spuntino** e continua i suoi servizi. **Leslie non mangia molto**. Ha paura di **ingrassare. È tutta pelle e ossa**.

Alle sei Leslie finisce il suo turno. Alle sei e mezza, si riunisce con le sue amiche in un bar.

Il venerdì sera, Leslie e le sue amiche vanno in **discoteca**. Torna all'una del mattino. A volte dorme a casa sua una sua amica. Il sabato mattina, Leslie è **esausta**. **Dorme fino a tardi**. Leslie si sveglia verso mezzogiorno. Pranza. Nel pomeriggio, guarda le telenovele o va al cinema con le sue amiche.

Il nome della madre di Leslie e Aline è Stephy. È un'**insegnante** di scuola elementare. Stephy ama i bambini e il suo lavoro. Ogni sera prepara le lezioni per il giorno successivo. Dopo gli esami, a volte, **rimane in piedi fino a tardi. Corregge i compiti in classe dei suoi studenti.** Stephy conosce tutti i loro nomi. Il mercoledì pomeriggio **non c'è scuola.** Così **lei ha del tempo libero.**

Il marito di Stephy si chiama Rob. **Lavora in campo informatica.** Rob è uno sviluppatore. Lavora in un ufficio. È **sempre** seduto di fronte a un **computer. Digita** linee di codice sulla **tastiera**. Rob è anche responsabile della manutenzione dei computer sul posto di lavoro. Lui è un **manager informatico. Rob fa molte ore di straordinari.** Aline ritiene che **lui lavori troppo.** Aline teme che suo padre **si stia sovraccaricando.**

故事 5：旅行，旅游和度假

夏天到了。现在是**假期**。**尼古拉斯计划**和家人一起**去旅行**。他去了**旅行社**。一位**旅行社代理人**向他打招呼：

- 您好，先生。我能为您做些什么？

- 您好，我想**买**去巴黎的**机票**。

- 您什么时候走？

- **下周五。**

- 您想买几张票？

- 我要四张成人票和两张儿童票。

尼古拉斯拿着票**回家**了。他给希德发了一封电子邮件确认他的**航班**。希德是尼古拉斯的弟弟。希德住在法国。尼古拉斯的孩子们——香奈儿和查理——都很开心。这是他们第一次去法国。詹妮——尼古拉斯的妻子——谢谢他。**她在他的脸颊上吻了一下。**

星期四，珍妮准备**行李**。尼古拉斯检查每个人的护照。他把他的护照和孩子们的护照放在**随身行李**里。

星期五早上，珍妮给马丁买了一件小礼物。马丁是她的**侄儿**。他是希德的儿子。

晚上 7 点钟，**尼可拉斯、珍妮和艾凡**——他们的**司机**——**把行李装上车**。在晚上 7 点半，每个人都上了车。他们动身去机场。八点钟，他们到达机场的停车场。尼古拉斯把行李放在**手推车**上。

尼可拉斯、珍妮和孩子们到**登机柜台**办理**登机手续**。护照和机票都经过验证。**箱子称重了。** 然后把行李从飞机上送到**行**

李舱。**每个人**都拿着**登机牌**。尼古拉和他的家人前往**登机口**。他们通过**海关**。

他们在候机室等候登机时间。晚上十点三十分，**旅客们登机了**。在飞机上，**空乘人员**向乘客致意。一名**空姐**对着香奈儿和查理**微笑**。每个人都坐在自己的**座位**上。乘客系好**安全带**。飞机**起飞**了。

飞机大约在早上 7 点到达。飞机**降落**。尼古拉斯和他的家人离开了飞机。空服人员欢迎他们来法国。尼古拉斯和他的家人从**行李提取处**取出他们的行李。希德去机场接家人。他很高兴再次见到他们。香奈儿和查理不记得他们的希德叔叔了。尼古拉斯把他的兄弟介绍给他的孩子们。

行李被装进希德的车里。半小时的车程后，他们到达了希德家。锡德的房子是一座漂亮的大房子。尼古拉斯和他的家人在巴黎呆了一个星期。他们在巴黎逗留期间和席德**住**在一起。辛西娅和马丁**在门阶上**迎接旅客。辛西娅是锡德的妻子。尼古拉斯和詹妮的房间在**一楼**。香奈儿和查理的房间**靠近**他们父母的房间。

辛西娅准备了早餐。**孩子们喝热巧克力**，吃牛角面包。成年人喝茶，吃奶酪面包。孩子们**吃饱了**。他们**很疲倦**。查理在**客厅**的**沙发**上睡着了。珍妮把他抱在怀里。她把他带到他的房间。她把他放在床上。珍妮脱下她儿子的鞋子。她**给他盖上床单**。香奈儿打哈欠。她也想睡觉。她回到自己的房间，睡在她哥哥旁边。

他们的父亲在**隔壁房间**里打盹。**珍妮在浴缸里洗澡**。**辛西娅洗碗**。**希德去上班**。**马丁玩电子游戏**。

珍妮洗完澡，穿上舒适的衣服。然后她陪辛西娅**去购物**。这两个女人互相讲述她们作为母亲的生活。一个半小时后，他们**回到家**。**他们烹饪午餐**。

香奈儿和查理醒了。查理和他的表弟马丁玩电子游戏。香奈儿也想和他们一起玩。但是查理拒绝一起玩。香奈儿坚持要玩，但这两个男孩并没有注意到。香奈儿**很难过**。

她走出去，在房子的**庭院**里**散步**。她看到了房子的**游泳池**。她问她妈妈她是否会**游泳**。但是珍妮还是**很忙**。**没有看护**，香奈儿不能独自游泳。

香奈儿走进客厅。她正在看电视。**小女孩叹了口气。她很无聊，又去睡觉了。**

尼古拉斯和他的家人在巴黎**观光**了一周。

尼古拉斯和他的家人买去马赛的**火车票**。**不幸的是，**他们迟到了。**他们误了火车。**他们乘下一班火车。四个小时后，他们到达马赛。他们在旅馆里租了一间**家庭房**。孩子们饿了。尼古拉斯点了吃的。

第二天，尼古拉斯和他的家人拜访了珍妮的一位朋友。她的名字叫贝亚。贝亚的丈夫是克劳德。克劳德不在。他已经旅行了一个星期了。克劳德和比阿有两个孩子：一个女孩和一个男孩。马琳和史蒂文的年龄和香奈儿和查理差不多。比娅、珍妮和孩子们穿上了**泳衣**。他们要去海滩。

玛琳和史蒂文建造了一座沙堡。香奈儿观察马琳和史蒂文。**他们互相取笑，**玩得很开心。香奈尔和他的兄弟从不一起玩。他们的关系与马琳和史蒂文的关系截然不同。马琳和史蒂文很亲密。香奈儿和查理并不亲密。史蒂文走近香奈儿，对她说：

- 香奈尔，你想和我姐姐还有我一起玩吗？

- 你想让我和你一起玩吗？

- **你坐着无所事事。**

- 我在看着你。

- 你是个孩子，你在度假。你应该玩得开心。我们的妈妈
  老了。他们坐在那里什么也不做，因为他们累了。他们
  喜欢聊天。来和我们一起玩。

- 好吧！

香奈儿很高兴能找到新朋友一起玩。

Vocabolario

这是夏天	È estate
假期	Stagione delle vacanze
计划去旅行(尼古拉斯计划去旅行)	Pianificare un viaggio (Nicholas pianifica un viaggio)
旅行社	Agenzia di viaggi
旅行社代理人	Agente turistico
买机票	Acquistare biglietti aerei
下周五	Venerdì prossimo
回家(他回家了)	Andare a casa (va a casa)
航班	Volo
她在他的脸颊上吻了一下	Gli dà un bacio sulla guancia
行李	Bagagli
随身行李	Valigetta
侄子	Nipote acquisito
装上行李(尼可拉斯、珍妮和艾凡装上行李)	Caricare i bagagli (Nicolas, Jenny ed Evan caricano i bagagli)
车	Auto
司机	Autista
手推车	Trolley
登机柜台	Banco del check in
登机手续	Check In
箱子	Valigie
称重	Pesare
行李舱	Stiva
每个人	Tutti
登机牌	Carta d'imbarco
登机口	Gate di imbarco
海关	Dogana

登机(旅客们登机)	Imbarcarsi (i passeggeri si imbarcano)
空乘人员	Assistenti di volo
空姐微笑	Una hostess sorride
座位	Posti
安全带	Cintura di sicurezza
起飞	Decollare
降落	Atterrare
行李提取处	Ritiro bagagli
住	Rimangono
门阶	Porta di casa
一楼	Primo piano
靠近	Vicino
辛西娅准备了早餐	Cynthia serve la colazione
孩子们喝热巧克力	I bambini bevono della cioccolata calda
吃饱了	Sazi
疲倦的	Stanchi
沙发	Divano
客厅	Soggiorno
盖上	Coprire
床单	Lenzuolo
打哈欠	Sbadiglio
他们的父亲打盹	Il loro padre fa un pisolino
隔壁房间	Stanza accanto
珍妮洗澡	Jenny fa il bagno
浴缸	Vasca da bagno
辛西娅洗碗	Cynthia lava i piatti
希德去上班	Sid va al lavoro
马丁玩电子游戏	Martin gioca ai videogame
去购物	Fare la spesa
他们回到家	Tornano a casa
他们烹饪午餐	Preparano il pranzo
难过的	Triste

散步	Passeggia
庭院	Cortile
游泳池	Piscina
游泳	Nuotare
忙	Occupata
看护	Supervisione
小女孩叹了口气	La bambina sospira
她很无聊，又去睡觉了	È annoiata e si addormenta di nuovo
去观光(尼古拉斯和他的家人去观光)	Andare a visitare (Nicholas e la sua famiglia vanno a visitare la città)
火车票	Biglietti del treno
不幸的是	Sfortunatamente
他们误了火车	Perdono il treno
家庭房	Stanza familiare
泳衣	Costume da bagno
玛琳和史蒂文建造了一座沙堡	Marine e Steven costruiscono un castello di sabbia
互相取笑(他们互相取笑)	Prendersi in giro a vicenda (si prendono in giro a vicenda)
你坐着无所事事	Stai lì senza fare nulla

Storia 5: Viaggi, turismo e vacanze

È estate. È la **stagione delle vacanze**. **Nicolas pianifica un viaggio** con la sua famiglia. Va all'**agenzia di viaggi**. Un **agente turistico** lo accoglie:

-        Salve signore. Cosa posso fare per lei?
-        Salve, vorrei **acquistare dei biglietti aerei** per Parigi, gentilmente.
-        Quando parte?
-        **Venerdì prossimo**.
-        Quanti biglietti desidera acquistare?
-        Ho bisogno di quattro biglietti aerei, per due adulti e due bambini.

Nicolas riceve i biglietti e **va a casa**. Invia un'e-mail a Sid per confermare il suo **volo**. Sid è il fratello di Nicolas. Sid vive in Francia. I figli di Nicolas - Chanel e Charlie - sono felici. È la prima volta che vanno in Francia. Jenny - La moglie di Nicolas – lo ringrazia. **Gli dà un bacio sulla guancia**.

Giovedi, Jenny prepara i **bagagli**. Nicolas controlla i passaporti di tutti. Mette il suo e quelli dei bambini nella sua **valigetta**.

Venerdì mattina, Jenny compra un piccolo regalo per Martin. Martin è suo **nipote acquisito.** È il figlio di Sid.

Alle diciannove, **Nicolas, Jenny ed Evan** - il loro **autista - caricano i bagagli** nell'**auto**. Alle diciannove e trenta, tutti entrano in macchina. Partono per l'aeroporto. Alle otto, arrivano al parcheggio. Nicolas mette i bagagli in un **carrello.**

Nicolas, Jenny e i bambini vanno al **banco del check-in.** Passaporti e biglietti vengono verificati. Le **valigie** vengono **pesate**. Quindi il bagaglio viene inviato nella **stiva** dell'aereo. **Tutti** prendono la loro **carta d'imbarco**. Nicolas e la sua famiglia si dirigono verso il loro **gate di imbarco**. Passano la **dogana**.

Aspettano l'imbarco nella sala d'attesa. Alle ventidue e trenta, **i passeggeri si imbarcano**. Sull'aereo, gli **assistenti di volo** salutano i passeggeri. Una **hostess sorride** a Chanel e Charlie. Tutti si siedono ai loro **posti**. I passeggeri fissano la **cintura di sicurezza**. L'aereo **decolla**.

L'aereo arriva verso le sette del mattino. L'aereo **atterra**. Nicolas e la sua famiglia lasciano il volo. Gli assistenti li accolgono in Francia. Nicolas e la sua famiglia prendono le valigie dalla zona di **ritiro bagagli**. Sid va a prenderli con la famiglia all'aeroporto. È felice di rivederli. Chanel e Charlie non ricordano lo zio Sid. Nicolas presenta suo fratello ai suoi figli.

Le valigie vengono caricate nella macchina di Sid. Dopo mezz'ora di auto, arrivano a casa di Sid. La casa di Sid è bella e grande. Nicolas e la sua famiglia rimangono a Parigi per una settimana. **Soggiornano** da Sid durante il loro viaggio a Parigi. Cynthia e Martin salutano i viaggiatori **alla porta di casa**. Cynthia è la moglie di Sid. La stanza di Nicholas e Jenny è al **primo piano**. La stanza di Chanel e Charlie è **vicino** alla stanza dei genitori.

Cynthia serve la colazione. I bambini bevono della cioccolata calda e mangiano dei croissant. Gli adulti bevono del tè e mangiano pane al formaggio. I bambini sono **sazi**. E anche **stanchi**. Charlie si addormenta sul **divano** in **soggiorno**. Jenny lo prende tra le sue braccia. Lo porta nella sua stanza. Lo lascia sul letto. Jenny toglie le scarpe a suo figlio. **Lo copre** con un **lenzuolo**. Chanel fa uno **sbadiglio**. Vuole dormire anche lei. Va nella sua stanza e dorme vicino a suo fratello.

Il loro padre fa un pisolino nella **stanza accanto. Jenny fa il bagno** nella **vasca da bagno. Cynthia lava i piatti. Sid va al lavoro. Martin gioca ai videogame.**

Jenny finisce di fare il bagno e si veste comodamente. Quindi accompagna Cynthia a **fare la spesa**. Le due donne si raccontano la loro vita da madri. Un'ora e mezza dopo, **tornano a casa. Preparano il pranzo.**

Chanel e Charlie si svegliano. Charlie gioca ai videogame con suo cugino Martin. Chanel vuole anche lei giocare con loro. Ma Charlie non vuole. Chanel insiste ma i due ragazzi dicono di no. Chanel è **triste**.

Lei esce e **passeggia** nel grande **cortile** della casa. Vede la **piscina** della casa. Chiede a sua madre se può **nuotare**. Ma Jenny è ancora **occupata**. Chanel non sa nuotare da sola senza nessuna **supervisione**.

Chanel va in soggiorno. Guarda la televisione. **La bambina sospira. È annoiata e si addormenta di nuovo.**

Per una settimana, **Nicolas e la sua famiglia vanno a visitare** la città di Parigi.

Nicolas e la sua famiglia comprano i **biglietti del treno** per la città di Marsiglia. **Sfortunatamente,** sono in ritardo. **Perdono il treno.** Prendono quello successivo. Quattro ore dopo, arrivano a Marsiglia. Affittano una **stanza familiare** in un hotel. I bambini hanno fame. Nicolas ordina da mangiare.

Il giorno dopo, Nicolas e la sua famiglia visitano un'amica di Jenny. Il suo nome è Bea. Il marito di Bea si chiama Claude. Claude è assente. Ha viaggiato per una settimana. Claude e Bea hanno due figli: un maschietto e una femminuccia. Marine e Steven hanno circa la stessa età di Chanel e Charlie. Bea, Jenny e i ragazzi indossano il loro **costume da bagno**. Stanno andando al mare.

Marine e Steven costruiscono un castello di sabbia. Chanel osserva Marine e Steven. **Si prendono in giro a vicenda** e si divertono molto. Chanel e suo fratello non giocano mai insieme. La loro relazione è così diversa da quella tra Marine e Steven. Marine e Steven sono intimi. Chanel e Charlie non lo sono quanto loro. Steven si avvicina a Chanel e gli parla:

- Chanel, vuoi giocare con me e mia sorella?
- Vuoi che io giochi con te?
- **Stai lì senza fare nulla.**
- Vi sto guardando.
- Sei una bambina e sei in vacanza. Dovresti divertirti. Le nostre mamme sono grandi. Stanno sedute lì a fare niente, perché sono stanche. Preferiscono chiaccherare. Vieni e divertiti con noi.
- Va bene!

Chanel è felice di trovare nuovi amici con cui giocare.

故事 6：职业

茱莉亚在一户人家做**女佣**。从星期一到星期六，她每天早上七点半开始工作。她为家人准备早餐。她把水放在**平底锅**里。她点燃**煤气炉**把水**加热**。她买面包和小圆面包。她一回来，**水就开了**。茱莉亚泡茶。然后她把茶放在保温瓶里。她正在加热**牛奶**。

茱莉亚摆好桌子。她把面包、黄油、**糖**、一罐**果酱**、小面包、茶、牛奶和**一篮子水果**放在桌子上。**水果篮子**里包含香蕉、**葡萄**和**苹果**。她把**茶碟**放在桌子上。她把**杯子**放在碟子上。她把**餐巾**放在杯子旁边。然后她把勺子、**叉子**和**刀子**放在餐巾纸上。早餐准备好了。

一家人吃早餐。大人去上班，孩子们去上学，年轻人去学习。**茱莉亚收拾桌子，**洗碗。

茱莉亚负责购物。她买黄瓜、西红柿、醋、**蒜瓣**、玉米、油、**冷藏肉**、奶酪、柠檬、意大利面和**盐**。茱莉亚把奶酪、**冷藏肉**和**蔬菜**切成小方块。**她把蒜瓣切碎**。她做意大利面。她准备了一种油醋沙司。**茱莉亚**把所有东西**混合**在**沙拉碗**里。她把意大利面沙拉放进**冰箱**。茱莉亚做**柠檬汁**。她把果汁放在冰箱里。

她用**扫帚打扫房间**的**地板**。然后**她用真空吸尘器清扫**。她**掸掉家具上的灰尘**。她在孩子的房间里**整理床铺**。她正在洗**水槽**、浴缸和淋浴镜。她正在洗厕所。她正在洗**温室**里的**瓷砖**。**她给植物浇水**，清洗房子里的**窗玻璃**。然后茱莉亚正在洗手。

十一点三十分，**茱莉亚摆好了桌子**。孩子们大约在中午回到家里。他们吃茱莉亚做的意大利面沙拉。然后他们回到学校。茱莉亚收拾桌子，洗碗。

下午，茱莉亚用**洗衣机洗衣服**。然后**她把洗好的衣服晾出去**。**她熨**干衣服。茱莉亚四点钟回家。

茱莉亚已守**寡**多年。她没有结婚，也没有孩子。但她有个侄女。她的名字叫凯茜。凯茜和茱莉亚住在一起。凯茜十几岁时就成了孤儿。她迷人、聪明、善良。她爱茱莉亚，就像爱自己的母亲一样。这两个女人关系很亲密。

凯茜的工作是**行政秘书**。从星期一到星期五，她六点半起床。她准备好了，七点五十分到公司。她的老板乔治总是在早上 9 点半左右到达**办公室**。乔治是这家公司的**经理**。当他到达办公室时，凯茜为他准备了咖啡。有时乔治喝咖啡时吃一块松饼。

然后凯茜提醒他白天要做的工作。凯茜计划任务。她组织会议。她在乔治与同事或公司合伙人**开会**时**做笔记**。然后**她写会议报告**。乔治**出差**时，他用智能手机**记录**会议。乔治通过**电子邮件**发送音频文件。凯茜接收他们。然后她把**文件**抄写下来。她听会议，写报告。

凯茜**接电话**。她记录下打电话的人的名字和留言。凯茜也联系客户。

　　凯茜负责所有行政工作。乔治对凯茜的服务很满意。Cathy 有责任心，认真，有技巧，有很强的**倾听能力**。她经常因为工作质量好而得到**奖金**。**随着**在公司工作两年后，凯茜得到了**加薪**。

　　为了庆祝她的晋升，凯茜邀请她的姨妈茱莉亚到餐馆吃饭。凯茜还买了一双新**高跟鞋**和一件漂亮的**晚礼服**。茱莉亚感谢她的慷慨大方。接下来的一周，茱莉亚做了凯茜最喜欢吃的菜来感谢她。茱莉亚祝她事业成功。

　　乔治的哥哥叫杰勒德。杰拉德是个医生。每天早上，他醒得很**早**。他做好准备去上班。杰勒德有自己的**诊所**。他**检查**病人。他开**处方**。病人支付医疗咨询**费**。

　　病人在**药房**买药。

　　莉莉是一名**护士**。她在协助杰勒德医生。

Vocabolario

职业	Mestiere(i)
女佣	Colf
平底锅	Casseruola
燃气炉	Fornello a gas
加热	Riscaldare
水开了	L'acqua sta bollendo
牛奶	Latte
茱莉亚摆好桌子	Julia prepara la tavola
糖	Zucchero
果酱	Marmellata
包含(水果篮子里包含...)	Contenere (il cesto di frutta contiene...)
葡萄	Uva
苹果	Mela(e)
茶碟	Piattino(i)
杯子	Tazza(e)
餐巾	Tovagliolo(i)
勺子	Cucchiai
叉子	Forchette
刀子	Coltelli/coltello
茱莉亚收拾桌子	Julia sparecchia la tavola
蒜瓣	Spicchio d'aglio
油	Olio
肉	Carne
冷藏肉	Salumi
盐	Sale
蔬菜	Verdure
她把蒜瓣切碎	Lei taglia l'aglio a pezzi
混合(茱莉亚混合...)	Mescolare (Julia mescola ...)
沙拉碗	Insalatiera

冰箱	Frigorifero
柠檬汁	Succo di limone
打扫(她打扫)	Pulire (pulisce)
地板	Pavimento
房间	Camera(e)
房间	Scopa
她用真空吸尘器清扫	Passa l'aspirapolvere in casa
掸掉灰尘(她掸掉灰尘...)	Spolverare (lei spolvera ...)
家具	Mobili
整理床铺	Lei fa il letto
水槽	Lavabo
瓷砖	Piastrella(e)
温室	Veranda
她给植物浇水	Innaffia i fiori
窗玻璃	Pannelli di vetro
茱莉亚摆好了桌子	Julia apparecchia la tavola
洗衣服((她洗衣服)	Fare il bucato (lei fa il bucato)
洗衣机	Lavatrice
她把洗好的衣服晾出去	Lei stende il bucato
她熨	Stira
使变干	Asciutto
寡妇	Vedova
行政秘书	Assistente esecutivo segretario esecutivo
办公室	Ufficio
经理	Manager
她做笔记	Prende appunti
开会	Meeting
她写	Lei scrive
报告	Verbale
出差	Viaggio di lavoro
他记录	Lui registra
电子邮件	E-mail

文件	File
电话	Telefonate (Chiamate Telefoniche)
倾听能力	Capacità di ascolto
奖金	Bonus
随者	Con
加薪	Aumento di stipendio
高跟鞋	Scarpe col tacco
晚礼服	Abito da sera
早的	Presto
诊所	Studio medico
检查(他检查...)	Esaminare (egli esamina ...)
处方	Ricetta
费	Tassa
药房	Farmacia
护士	Infermiera

Storia 6: I mestieri

Julia lavora come **colf** in una casa. Ogni mattina, dal lunedì al sabato, inizia a lavorare alle sette e trenta. Prepara la colazione di famiglia. Mette l'acqua in una **casseruola**. Accende il **fornello a gas per riscaldare** l'acqua. Compra pane e focacce. Al suo ritorno, **l'acqua sta bollendo**. Julia prepara il tè. Quindi lo mette in un thermos. Poi scalda il **latte**.

Julia prepara la tavola. Mette le gallette, il burro, lo **zucchero**, un barattolo di **marmellata**, i panini, il tè, il latte e un **cesto di frutta** sul tavolo. **Il cesto di frutta contiene** banane, **uva** e **mele**. Colloca i **piattini** sul tavolo. Mette le **tazze** sui piattini. Posiziona i **tovaglioli** vicino alle tazze. Quindi **cucchiai**, **forchette,** e **coltelli** su di essi. La colazione è servita.

La famiglia fa colazione. Gli adulti vanno a lavoro, i bambini a scuola e i giovani a studiare. **Julia sparecchia la tavola** e lava i piatti.

Julia fa la spesa. Compra cetrioli, pomodori, aceto, **aglio**, mais, **olio**, **salumi**, formaggio, limone, pasta e **sale**. Julia taglia il formaggio, i salumi e le **verdure** in piccoli cubetti. **Taglia lo spicchio d'aglio**. Cuoce la pasta. Poi prepara una salsa vinaigrette. **Julia mescola** tutto in una **insalatiera**. Mette quindi l'insalata di pasta nel **frigorifero**. Julia poi prepara un **succo di limone**. Lo mette nel frigorifero.

Pulisce il **pavimento** delle **camere** in casa con una **scopa**. Poi **passa l'aspirapolvere. Spolvera i mobili**. **Fa il letto** nella stanza del bambino. Pulisce il **lavello**, la vasca da bagno e lo specchio doccia. Lavando il bagno. Lava le **piastrelle** della **veranda**. **Innaffia i fiori** e lava i **pannelli di vetro** della casa. Poi si lava le mani.

Alle undici e mezza **Julia apparecchia la tavola.** I bambini arrivano a casa verso mezzogiorno. Mangiano l'insalata di pasta preparata da Julia. Poi tornano a scuola. Julia sparecchia la tavola e lava i piatti.

Nel pomeriggio, **Julia fa il bucato** con la **lavatrice**. Poi lo **stende**. **Stira** i vestiti **asciutti**. Julia torna a casa alle quattro.

Julia è **vedova** da anni. Non è sposata e non ha figli. Ma ha una nipote di nome Cathy. Vive con Julia. Cathy è orfana da quando era adolescente. È bella, intelligente e gentile. Ama Julia come una madre. Le due donne sono molto vicine.

Cathy lavora come **segretaria esecutiva**. Dal lunedì al venerdì, si sveglia alle sei e mezza. Si prepara e arriva al lavoro alle sette e cinquanta. Il suo capo, George, arriva sempre in **ufficio** verso le nove e mezza del mattino. George è il **manager** della società. Quando arriva in ufficio, Cathy gli prepara il caffè. A volte George accompagna il caffè con un muffin.

Quindi Cathy gli ricorda le cose da fare durante il giorno. Cathy pianifica i compiti. Organizza gli incontri. **Prende appunti** durante i **meeting** di George con colleghi o soci dell'azienda. Poi **scrive** il **verbale** degli incontri. Quando George fa qualche **viaggio di lavoro**, **registra** gli incontri con il suo smartphone. George invia i file audio via **e-mail**. Cathy li riceve. Quindi fa la trascrizione del **file**. Ascolta le riunioni e scrive relazioni.

Cathy risponde alle **chiamate telefoniche**. Registra i nomi e i messaggi delle persone che chiamano. Cathy contatta anche i clienti.

Cathy è responsabile di tutti i compiti amministrativi. George è soddisfatto del suo servizio. È responsabile, seria, competente ed ha una grande **capacità di ascolto**. Spesso riceve dei **bonus** per la qualità del suo lavoro. Dopo due anni di servizio **con** la compagnia, Cathy ottiene un **aumento di stipendio**.

Per celebrare la sua promozione, Cathy invita la zia Julia a cenare al ristorante. Cathy compra anche nuove **scarpe col tacco** e un bell'**abito da sera**. Julia la ringrazia per la sua generosità. La settimana seguente, Julia prepara il piatto preferito di Cathy per ringraziarla. Julia le augura ogni successo nella sua carriera.

Il nome del fratello di George è Gerard. È un dottore. Ogni mattina, si sveglia **presto**. Si prepara e si mette al lavoro. Gerard ha il suo **studio medico. Lui esamina** i pazienti. Lui scrive le **ricette**. I pazienti pagano una **tassa** per la visita medica.

I pazienti comprano i farmaci in **farmacia**.

Lilly è un'**infermiera**. Aiuta il dott. Gerard.

故事 7：婚礼

    亚当和芭芭拉已经在一起六年了。芭芭拉生日那天，亚当邀请她去他家吃饭。晚餐**结束**时，**亚当向她求婚**。芭芭拉和亚当**订婚了**。芭芭拉把**这个消息告诉了**她的家人。

    亚当和芭芭拉正在筹备他们的**婚礼**。**他们**为**结婚**典礼**定了一个日期**：他们选择他们**第一次见面**的周年纪念日。亚当和芭芭拉计算婚礼预算。**他们希望在他们的大日子里一切都完美**。

    亚当和芭芭拉列出了婚礼的准备工作：

- **结婚礼服**

- 新娘的**发型**和配饰:新娘的**面纱**、鞋子、彩妆和**珠宝**

- 新郎的**西装**

- **结婚戒指**

- **婚礼策划人**

- 新娘和新郎的**证婚人**

- **伴娘**的礼服

- **伴郎**的服装

- **嘉宾名单**

- **邀请卡**

- 运输

- **新娘的花束**和鲜花

- **结婚典礼**

- 小教堂的装饰

- **婚礼早餐**

- **饮料**

- **结婚蛋糕**

- 这对**新人的雕像**

- **接待厅**

- 房间的装饰

- **座位表**

- 管弦乐队和音乐主持人的动画

- 开场曲

- 开幕舞

- 摄影师和照相师

亚当和芭芭拉在**婚礼前开始准备**。芭芭拉聘请苏西为婚礼策划师。

裁缝师为芭芭拉**做婚纱**。裁缝是布鲁克。芭芭拉给他看那件衣服的模型。

亚当请他的堂兄理查德做他的证婚人。伴郎是亚当的弟弟和小表哥。伴娘是芭芭拉的两个小妹妹。艾德琳——芭芭拉的姑姑——是她的婚礼证婚人。

芭芭拉写了婚礼的邀请函：

"亚当和芭芭拉很高兴邀请你参加他们的婚礼，于 2009 年 2 月 21 日（星期六）上午 11 点在圣约翰教堂举行。仪式结束后，我们很高兴邀请您到科伦坡广场共进午餐。

感谢您在 2 月 15 日前确认您的光临。"

芭芭拉把文本交给苏西。Suzie **打印**了**婚礼公告**。苏西把客人的名字写在请柬上。芭芭拉把请柬发给**客人**。

亚当和芭芭拉为他们的婚礼上舞蹈课。

在她结婚的那天，芭芭拉早上六点醒来。**她洗了个好澡**。**化妆师**和**理发师**来到她的住处。

芭芭拉从浴室里出来，把身子擦干。她准备好了。她穿上她的白色连衣裙。化妆师开始化妆。理发师整理她的头发。芭芭拉戴上项链和**耳环**。9 点钟，芭芭拉准备好了。摄影师给美丽的新娘拍照。新娘的马车 9 点半经过芭芭拉。她十点半到达**教堂**。客人们**慢慢地**把教堂的**长凳**坐满了。

十点五十分，亚当**站**在**圣坛**前。十一点钟时，风琴手演奏一支曲子。伴郎和伴娘入场。然后观众站了起来。新娘进来了。她的父亲陪伴她走向圣坛。芭芭拉和她未来的丈夫站在圣坛前。观众坐了下来。牧师开始仪式。

亚当和芭芭拉现在是夫妻。管风琴手演奏**婚礼进行曲**。这对新婚夫妇离开了教堂。客人们祝贺他们。

这对新婚夫妇和宾客大约在 12 点半到达科伦坡广场。客人们看着座位表，然后坐下。亚当和芭芭拉在他们婚礼的开场曲上跳舞。第一首歌曲被再次播放。客人们与新娘和新郎跳舞。

四点钟左右，新娘和新郎切蛋糕。他们开了**一瓶香槟**。客人们鼓掌。亚当和芭芭拉与来宾合影留念。

大约下午五点三十分，**新娘抛出花束**。亚当的一位阿姨接住了花束。客人们把结婚礼物送给新婚夫妇。聚会大约在晚上 7 点结束。来宾们祝愿芭芭拉和亚当美满幸福的婚姻生活。新婚夫妇在旅馆房间里度过他们的**新婚之夜**。他们开始了生活中的一个新**阶段**。

第二天，他们去度**蜜月**。他们飞往**毛里求斯**。他们租了一家**豪华旅馆**的**新婚套房**。

芭芭拉在**海滩**上**晒成褐色**。她睡着了。**亚当在海里游泳**。

新婚夫妇遇到另一对夫妇：迈克尔和杰西卡。米歇尔和杰西卡也在度蜜月。杰西卡是芭芭拉的老同学。两对夫妇住在同一家旅馆。**迈克尔和亚当开始互相了解**。杰西卡和芭芭拉分享对大学的回忆。

晚上，两对夫妇一起吃晚餐。**他们玩得很开心**。

Vocabolario

亚当和芭芭拉已经在一起六年了	Adam e Barbara sono stati insieme per sei anni
结束	Fine
亚当向她求婚	Adam le chiede la mano
芭芭拉和亚当订婚了	Barbara e Adam si fidanzano
把这个消息告诉了(芭芭拉把这个消息告诉了)	Dare la notizia (Barbara dà la notizia)
婚礼	Matrimonio
他们定了一个日期	Fissano una data
第一次见面	Primo incontro
他们希望在他们的大日子里一切都完美	Vogliono che tutto sia perfetto nel loro grande giorno
结婚礼服	Vestito da sposa
发型	Acconciatura
面纱	Velo
珠宝	Gioielli
西装	Completo da uomo
结婚戒指	Fedi nuziali
婚礼策划人	Wedding planner
证婚人	Testimoni di matrimonio
伴娘	Damigelle
伴郎	Testimoni/Compari
嘉宾名单	La lista degli invitati
邀请卡	Inviti
新娘的花束	Il bouquet della sposa
鲜花	Fiori
结婚典礼	La cerimonia matrimoniale
婚礼早餐	Prima colazione
饮料	Bevande

结婚蛋糕	Torta nuziale
新人的雕像	Pupazzetti della coppia
接待厅	Sala ricevimenti
座位表	Piantina dei posti a sedere
婚礼前开始准备	Preparativi prima del matrimonio
裁缝师做婚纱	Una sarta confeziona il vestito da sposa
打印	Stampa
婚礼公告	Annuncio di matrimonio
客人	Ospiti
她洗了个好澡	Lei fa un bel bagno
化妆师	Truccatore
理发师	Parrucchiere
耳环	Orecchini
教堂	Chiesa
长凳	Banco/Banchi
慢慢地	Poco a poco
站	In piedi
圣坛	Altare
婚礼进行曲	La marcia nuziale
这对新婚夫妇	Gli sposi
一瓶香槟	Bottiglia di champagne
新娘抛出花束	La sposa lancia il bouquet
新婚之夜	Prima notte di nozze
阶段	Fase
蜜月	Luna di miele
毛里求斯	Isole Mauritius
新婚套房	Suite nuziale
豪华旅馆	Hotel di lusso
晒成褐色	Abbronzata
海滩	Spiaggia
亚当在海里游泳	Adam nuota nel mare

迈克尔和亚当开始互相了解

他们玩得很开心

Michael e Adam si
conoscono
Si divertono

Storia 7: Nozze

Adam e Barbara sono stati insieme per sei anni. Al compleanno di Barbara, Adam la invita a cena a casa sua. Alla **fine** della cena, **Adam le chiede la mano. Barbara e Adam si fidanzano. Barbara dà la notizia** alla sua famiglia.

Adam e Barbara stanno preparando le loro **nozze. Fissano una data** per la cerimonia di **matrimonio**: scelgono il giorno dell'anniversario del loro **primo incontro**. Adam e Barbara calcolano il budget del matrimonio. **Vogliono che tutto sia perfetto nel loro grande giorno**.

Adam e Barbara elencano i preparativi per il matrimonio:

- Il **vestito da sposa**
- l'**acconciatura** e gli accessori della sposa: **velo**, scarpe, trucco e **gioielli**
- Il **completo da uomo** dello sposo
- Le **fedi nuziali**
- Il wedding planner
- **Testimoni di nozze** della sposa e dello sposo
- Gli abiti delle **damigelle**
- I costumi dei **testimoni**
- La **lista degli invitati**
- Gli **inviti**
- I trasporti
- Il **bouquet della sposa** e i **fiori**
- La **cerimonia matrimoniale**
- La decorazione della cappella
- La **prima colazione**
- Le **bevande**
- La **torta nuziale**
- I **pupazzetti della coppia**
- La **sala ricevimenti**
- La decorazione della stanza
- La **Piantina dei posti a sedere**
- L'orchestra e il disc jockey per l'animazione
- La canzone di apertura

-        Il ballo di apertura
-        Il fotografo e il cameraman

Adam e Barbara iniziano i **preparativi prima del matrimonio**. Barbara assume Suzie come wedding planner.

Una sarta confeziona il vestito da sposa per Barbara. La sarta è Brooke. Barbara le mostra il modello del vestito.

Adam chiede a suo cugino Richard di essere il suo testimone. I testimoni dello sposo sono il fratellino di Adam e il cuginetto. Le damigelle d'onore sono le due sorelline di Barbara. Adeline, la zia di Barbara, è la sua testimone di matrimonio.

Barbara scrive il testo dell'invito per il matrimonio:

"Adam e Barbara sono lieti di invitarvi alla loro cerimonia di nozze, sabato 21 febbraio 2009 alle 11, nella cappella di Saint John.   Saremo lieti di avervi a pranzo presso l'Espace des Colombes dopo la cerimonia.

Vi chiediamo gentilmente di confermare la vostra presenza entro il 15 febbraio."

Barbara dà il testo a Suzie. Suzie **stampa l'annuncio di matrimonio**. Suzie scrive i nomi degli ospiti sui biglietti d'invito. Barbara invia gli inviti agli **ospiti**.

Adam e Barbara prendono lezioni di danza per il loro matrimonio.

Il giorno delle sue nozze, Barbara si sveglia alle sei del mattino. **Fa un bel bagno.** Il **truccatore** e il **parrucchiere** arrivano a casa sua.

Barbara esce dal bagno e si asciuga. Si prepara. Si mette il vestito bianco. La truccatrice comincia ad applicarle il make-up. Il parrucchiere le sistema i capelli. Barbara indossa collana e **orecchini**. Alle nove in punto è pronta. Il fotografo fotografa la bellissima sposa. La carrozza passa a prendere Barbara alle nove e trenta. Arriva in **Chiesa** alle dieci e trenta. Gli ospiti riempiono le **panchine** della chiesa **poco a poco**.

Alle dieci e cinquanta, Adam è **in piedi** di fronte all'**altare**. Alle undici l'organista suona una melodia. I testimoni dello sposo e le damigelle fanno il loro ingresso. Quindi il pubblico si alza. La sposa sta entrando. Suo padre la accompagna all'altare. Barbara si unisce al suo futuro marito di fronte all'altare. Il pubblico si siede. Il sacerdote inizia la cerimonia.

Adam e Barbara sono ora marito e moglie. L'organista suona **la marcia nuziale**. Gli sposi lasciano la chiesa. Gli ospiti si congratulano con loro.

Gli sposi e gli ospiti arrivano all'Espace des Colombes verso le dodici e mezzo. Gli ospiti guardano la mappa dei posti a sedere e si siedono. Adam e Barbara ballano sulla canzone di apertura del loro matrimonio. La canzone di apertura viene riprodotta una seconda volta. Gli ospiti ballano con gli sposi.

Verso le quattro, la sposa e lo sposo tagliano la torta. Aprono una **bottiglia di champagne**. Gli ospiti applaudono. Adam e Barbara si fanno scattare le foto coi gruppi di ospiti.

Verso le cinque e mezza, **la sposa lancia il bouquet**. Una zia di Adam lo prende. Gli ospiti danno i regali di nozze agli sposi. La festa finisce verso le diciannove. Gli ospiti augurano una buona e felice vita matrimoniale a Barbara e Adam. Gli sposi passano la **prima notte di nozze** in una camera d'albergo. Inizia una nuova **fase** della loro vita.

Il giorno dopo, partono per la **luna di miele**. Precisamente per le **Isole Mauritius**. Affittano la **suite nuziale** in un **hotel di lusso**.

Barbara è **abbronzata** sulla **spiaggia**. Si addormenta. **Adam nuota nel mare**.

Gli sposi incontrano un'altra coppia: Michel e Jessica. Sono anche loro in luna di miele. Jessica è una vecchia compagna di classe di Barbara. Entrambe le coppie soggiornano nello stesso hotel. **Michael e Adam si conoscono.** Jessica e Barbara condividono i ricordi del college.

In serata, le due coppie cenano insieme. **Passano una bella serata.**

故事 8：通信者

朱迪的法语老师给了她一个小女孩的**详细资料**。这个女孩住在国外。她的名字叫法比安。朱迪给她的第一封信是：

"马赛，2002 年 1 月 14 日

你好法比安，

我叫朱迪。我想和你通信。我是一个十八岁的女孩。我住在法国。我想认识你。

朱迪 拉罗什。"

几天后，朱迪收到法比安的回信。

"安塔娜利佛，2002 年 1 月 22 日

你好朱迪，

*我收到你的信了。**我很高兴见到你**。我很高兴成为你们的通信者。祝你新年快乐。让我自我介绍一下，我叫法比安，今年 19 岁。**我是艺术学院的一名新生。我在大学里学英语。下次**，我会写一封更长的信。**我得去上课了。***

期待您的回复，

法比安，你的新朋友。"

"马赛，2002 年 2 月 1 日

你好，法比安，

你的信让我微笑。我感谢你。**你看起来是个好女孩**。让我自我介绍一下。你知道，我的名字叫朱迪。我在高中一年级。我和我的父母住在一起。我有一个哥哥。他叫丹尼斯，我们关系很好。丹尼斯去年从高中毕业。我不知道他会选择什么**专业**。现在，他正在上**烹饪课**。他是有才华的。**丹尼斯是个好厨**

师。我们喜欢一起做饭。在家做饭的是我弟弟。我帮助他。你呢，你有兄弟姐妹吗？你和他们亲近吗？

祝你有美好的一天，

朱迪。"

"安塔娜利佛，2002 年 2 月 11 日

你好朱迪！

是的，我有一个小弟弟。他叫内森。他八岁了，他在上小学。他喜欢足球。**他有点任性**。我和内森相处的时间不多。**如你所见，我们分开 11 年**。但**我喜欢他**。父母不在时**我照顾他**。你非常爱你的哥哥。你说了很多关于他的事。我喜欢你和你哥哥的关系。此外，他喜欢为家人做饭。你呢，你的激情是什么？再多告诉我一些你的情况。

法比安。"

"马赛，2002 年 2 月 16 日

你好法比安，

我的激情？我不知道……**目前，我的目标是完成高中学业**。你知道，我在初中跳了两级，高中跳了一级。我没有忽视我的学习。我只是**必须努力学习才能取得成功**。

再见。现在是家里晚上 6 点钟。**我要睡觉了。我觉得不舒服。我得了流感。我妈妈明天带我去看医生。幸运的是，今天是星期五。我可以休息。**

朱迪。"

"安塔娜利佛，2002 年 2 月 25 日

你好朱迪，

我希望你快点好起来。现在是 2 月 25 日。我希望自从上次写信后，你已经痊愈了。**祝我好运吧**。我现在正在准备考试。

希望很快见到你，

法比安。"

"2002 年 3 月 1 日，巴黎

你好法比安，

是的，我已经痊愈了。现在是假期。我在巴黎给你写信。我去看望我的表妹梅兰妮。她住在巴黎。**她租了一套公寓**。她和你一样是学英语的学生。我将于 3 月 7 日返回马赛。我还有很多本学年要完成的假期作业。祝你考试顺利！

朱迪。"

"马赛，2002 年 4 月 15 日

你好法比，

你已经有一段时间没写信了。我希望你没事。我给你寄这封信是想**问问你的情况**。

朱迪。"

"安塔娜利佛，2002 年 4 月 23 日

你好朱迪，

很抱歉这么长时间的沉默。最近，**我没有心情写作**。发生了一件不幸的事。我父亲的哥哥**去世**了。他是我最喜欢的叔叔。我忙着办**葬礼**。与此同时，我也参加了考试。无论如何，我感谢你的来信。**谢谢你担心我**。**它使我的心感到温暖**。你真是我的好朋友。我希望你没事。

拥抱，

法比安。"

"马赛，2002 年 4 月 27 日

亲爱的的法比安，

*我向你和你的家人致以诚挚的慰问。**我明天有一场数学考试**。我正在复习。丹尼斯不在。**我想念他**。这房子有点安静。你考试通过了吗？*

再见！

朱迪。"

"安塔娜利佛，2002 年 5 月 1 日

亲爱的朱迪，

*今天是**劳动节**。我利用这个**假期**写信给你。我考试及格了。我拿到了文凭。我的父母很高兴。你的生日是什么时候？我的生日是 9 月 6 日。**我在这封信上附了一张我的照片。***

希望很快见到你，

法比安。"

"马赛曲，2002 年 5 月 7 日

你好法比安，

*照片上的你很**漂亮**。我喜欢你的**裙子**和**衬衫**。原谅我。我没有把我的照片发给你。我有点**害羞**。我不上镜。我把我的狗的照片发给你。这是我第一次告诉你关于他的事。它是一只**哈巴狗**。他的名字叫科顿。他很**可爱**。你是 9 月 6 日出生的吗？我在**计划本**上记下了这个日期。我打算在你生日那天给你买一件礼物。你最喜欢的颜色是什么？我最喜欢的颜色是紫色。我的生日是 11 月 17 日。*

拥抱，

朱迪。"

"安塔娜利佛，2002 年 5 月 12 日

你好朱迪！

你不发照片也**没关系**。科顿是一只非常**可爱**的狗。但是我对狗毛和**猫毛**过敏。我最喜欢的颜色是蓝色。我要照顾我的小弟弟。**他伤到了自己。**

希望很快见到你！

法比安。"

"马赛，2002 年 5 月 17 日，

晚上好法比安，

告诉你的小弟弟要**小心**。**我希望他没事**。你有电子邮箱地址吗，法比安？用电子邮件交流更方便。而且**更快**。我们失去的时间更少。这是我的邮箱地址：
judy.dubois2002@monmail.com。

希望很快见到你！

朱迪。"

"安塔娜利佛，2002 年 5 月 25 日

晚上好朱迪，

我刚创建了一个电子邮件地址。**你是对的**。电子邮件更实用。**顺便说**一下，我刚给你发了一封电子邮件。我的电子邮件地址在这封电子邮件里。

希望很快见到你！

法比安。"

Vocabolario

通信者(M/F)	Corrispondenti(M/F)
详细资料	Informazioni
我很高兴见到你	Sono davvero felice di conoscerti
我是艺术学院的一名新生	Sono una matricola alla facoltà di Arte
我在大学里学英语	Studio l'inglese all'università
下次	La prossima volta
我得去上课了	Devo andare a lezione
你的信让我微笑	La tua lettera mi fa sorridere
你看起来是个好女孩	Sembri una brava ragazza
专业	Campo di studi
烹饪课	Lezioni di cucina
丹尼斯是个好厨师	Denis è un buon cuoco
他有点任性	È un po 'indisciplinato
如你所见	Come vedi
我们分开 *11* 年	Abbiamo undici anni di differenza
我喜欢他	Mi piace
我照顾他	Mi prendo cura di lui
目前	Per adesso
目标	Obbiettivo
完成高中学业	Finire la scuola superiore
只是必须…	Devo solo…
我要睡觉了	Vado a letto
我觉得不舒服	Non mi sento bene
我得了流感	Ho l'influenza
我妈妈明天带我去看医生	Mia madre mi porta dal dottore domani
幸运的是	Per fortuna
我可以休息	Posso riposare

我希望你快点好起来	Spero che tu ti senta meglio presto
祝我好运吧	Augurami buona fortuna
她租了一套公寓	Sta affittando un appartamento
问问你的情况	Chiederti come stai
去世	Morto
葬礼	Funerale
我没有心情…	Non sono dell'umore giusto per …
谢谢你担心我	Grazie per esserti preoccupata di me
它使我的心感到温暖	Mi scalda il cuore
我明天有一场数学考试	Ho un esame di matematica domani
我想念他	Mi manca
劳动节	Festa dei lavoratori
假期	Vacanza
我在这封信上附了一张我的照片	Ti sto allegando una mia foto a questa lettera
漂亮	Bellissima
裙子	Vestito
衬衫	Camicetta
害羞	Timida
哈巴狗	Cagnolino
可爱	Dolce
计划本	Agenda
没关系	Non importa
可爱	Carina
猫毛	Peli di gatto
他伤到了自己	Si è fatto male
小心	Stare attento
我希望他没事	Spero che stia bene
更快	Più veloce
你是对的	Hai ragione

顺便说一下　　　　　　　　　　　　A proposito

Storia 8: Corrispondenti

L'insegnante di francese di Judy le passa le **informazioni** di una ragazza che vive all'estero. Il suo nome è Fabienne. Judy le manda la prima lettera:

"Marsiglia, 14 gennaio 2002

Ciao Fabienne,

Mi chiamo Judy. Mi piacerebbe avere una corrispondenza con te. Sono una ragazza di diciotto anni. Vivo in Francia. Mi piacerebbe incontrarti.

Judy Laroche."

Pochi giorni dopo, Judy riceve una risposta da Fabienne.

" Antananarivo, 22 gennaio 2002

Ciao Judy,

*Ho ricevuto la tua lettera. **sono davvero felice di conoscerti.** E sono felice di essere tua amica di penna. Ti auguro un felice anno nuovo. Mi presento, mi chiamo Fabienne e ho diciannove anni. **Sono una matricola alla facoltà di Arte. Studio inglese all'università. La prossima volta** scriverò una lettera più lunga. **Devo andare a lezione.***

In attesa di leggere la tua risposta,

un caro saluto da Fabienne, la tua nuova amica."

"Marsiglia, 1 febbraio 2002

Ciao Fabienne,

***La tua lettera mi fa sorridere.** Ti ringrazio. **Sembri una brava ragazza.** Lascia che mi presenti. Come sai, mi chiamo Judy. Frequento il primo anno delle scuole superiori e vivo con i miei genitori. Ho un fratello maggiore. Si chiama Denis e siamo molto intimi. Denis si è diplomato al liceo* *l'anno scorso. Non so quale **campo di studi** sceglierà. Al momento, prende **lezioni di cucina**. Ha talento. **Denis è un buon cuoco.** Ci piace cucinare insieme. È mio fratello a preparare i piatti a casa. Io lo aiuto. E tu, hai fratelli e sorelle? Sei molto legata a loro?*

Buona giornata,

Judy."

"Antananarivo, 11 febbraio 2002

Ciao Judy!

*Sì, ho un fratellino. Il suo nome è Nathan. Ha otto anni e frequenta la scuola elementare. Ama il calcio. **È un po' indisciplinato.** Non passo molto tempo con Nathan. **Come sai, abbiamo undici anni di differenza.** Ma **mi piace. Mi prendo cura di lui** quando i nostri genitori sono via. Ami molto tuo fratello. Parli molto di lui. Mi piace il tuo rapporto con lui. E poi, gli piace cucinare per la sua famiglia. E tu, quali passioni hai? Dimmi un po' di più su di te.*

Fabienne."

"Marsiglia, 16 febbraio 2002

Ciao Fabienne,

*La mia passione? Non lo so... **Per adesso**, il mio **obbiettivo** è quello di **finire la scuola superiore**. Sai, sono stata bocciata una volta alle medie e una alle superiori. Non trascuro i miei studi. **Devo solo** lavorare duro per portarli a termine con successo.*

*A presto. Sono le diciotto a casa. **Vado a letto, non mi sento bene. Ho l'influenza. Mia madre mi porta dal dottore domani. Per fortuna**, è venerdì. **Posso riposare.***

Judy."

"Antananarivo, 25 febbraio 2002

Ciao Judy,

*   **Spero che tu ti senta meglio presto**. È il 25 febbraio. Spero che dalla tua ultima lettera tu sia guarita. **Augurami buona fortuna**. Sto preparando gli esami adesso.*

A presto,

Fabienne."

"Parigi,1 marzo 2002

Ciao Fabienne,

*   Sì, sono già guarita. Ora ci sono le vacanze. Ti sto scrivendo dalla città di Parigi. Sono venuta a trovare mia cugina Melanie. Lei vive a Parigi. **Sta affittando un appartamento**. E lei è una studentessa di inglese, come te. Ritorno a Marsiglia il 7 marzo. Ho ancora un sacco di compiti per le vacanze da finire per l'anno scolastico. In bocca al lupo per i tuoi esami!*

Judy."

"Marsiglia, 15 aprile 2002

Ciao Fabienne,

*   È passato un po' di tempo da quando hai scritto. Spero che tu stia bene. Ti sto mandando questa lettera per **chiederti come stai**.*

Judy."

"Antananarivo, 23 aprile 2002

Ciao Judy,

*   Mi dispiace per questo lungo silenzio. Ultimamente, non ho voglia di scrivere. È accaduta una cosa triste. Il fratello maggiore di mio padre è **morto**. Era il mio zio preferito. Ero molto occupata con il **funerale**. Nel frattempo, ho anche sostenuto gli esami. In ogni caso, ti ringrazio per la*

lettera. **Grazie per esserti preoccupata per me. Mi scalda il cuore**. Sei davvero un'amica. Spero che tu stia bene.

Un abbraccio,

Fabienne."

"Marsiglia, 27 aprile 2002

Cara Fabienne,

Ti mando le mie più sincere condoglianze, a te e alla tua famiglia. **Ho un compito di matematica domani**. Sto ripassando. Denis non c'è. **Mi manca**. La casa è un po' vuota. Hai passato gli esami?

A presto!

Judy."

"Antananarivo, 1 maggio 2002

Cara Judy,

Oggi è la **Festa dei lavoratori**. Mi sono presa questa **vacanza** per scriverti. Ho superato gli esami. Ho il mio diploma di laurea. I miei genitori sono molto felici. Quand'è il tuo compleanno? Il mio è il 6 settembre. **Ti sto allegando una mia foto a questa lettera**.

A presto,

Fabienne."

"Marsiglia, 7 maggio 2002

Ciao Fabienne,

Sei **bellissima** nell'immagine. Mi piace il tuo **vestito** e la tua **camicetta**. Scusami. Non ti ho mandato la mia foto. Sono piccola e **timida**. E non sono fotogenica. Ti mando la foto del mio cane. È è la prima volta che ti parlo di lui. È un **cagnolino**. Il suo nome è Cotton. È molto **dolce**. Sei nata il 6 settembre? Prendo nota di questa data sull'**agenda**. Ti *faccio un regalo per il compleanno. Qual è il tuo colore preferito?Il mio è il viola. Il mio compleanno è il 17 novembre.*

Un abbraccio,

Judy.”

“Antananarivo, 12 maggio 2002

Ciao Judy!

__Non importa__ se non mandi la tua foto. Cotton è un cane molto __dolce__. Ma sono allergica ai __peli di cane e gatto__. Il mio colore preferito è il blu. Vado a prendermi cura del mio fratellino. __Si è fatto male__.

A presto!

Fabienne.”

“Marsiglia, 17 maggio 2002

Buona sera Fabienne,

Dì al tuo fratellino di __stare attento__. __Spero che stia bene__. Hai un indirizzo email, Fabienne? Conviene di più scriverci per mail. È __più veloce__. Perdiamo meno tempo. Eccoti il mio indirizzo email: <u>judy.dubois2002@monmail.com</u> .

A presto!

Judy.”

“Antananarivo, 25 maggio 2002

Buona sera Judy,

Ho appena creato un indirizzo email. __Hai ragione__. I messaggi di posta elettronica sono più pratici. __A proposito__, te ne ho appena mandato uno. Il mio indirizzo è in questa e-mail.

A presto!

Fabienne.”

故事 9：对**写作**的热情

西里尔·德吉蒙德是一位**著名的**作家。**他是 14 部已出版小说的作者。他在全世界都很有名。**西里尔主要写**奇幻小说、侦探小说**和惊悚小说。西里尔是**一位著名的作家。他在全世界卖了很多书。**西里尔刚刚出版了他的第十四部小说。

一位新闻**编辑**通过电话与他联系。凯琳想采访他。她要求他**给**她一次**采访**的机会。西里尔约她星期五下午在他家见面。

星期五早上，凯琳准备面试。她带了一支**圆珠笔**和一个**记事本。她上网**阅读有关西里尔·德吉蒙德的资料。她把问题写给西里尔。凯琳的**手机**响了。**她拿起电话：**

- 你好!

- 你好，凯琳，我是克里斯汀。

- 嗨,克里斯汀！**有什么事吗?**

- **这个周末我们出去吧。打包你的行李。这是一个三天的旅程。两小时后我来接你。**

- **我很抱歉。我不能去。**

- 但为什么呢？**你星期五不工作。**

- **我今天有个重要的约定。**

- **一个约会？**

- 不，克里斯汀。我正在在采访西里尔·德吉蒙德。

- **作家**西里尔·德吉蒙德？**你是个幸运的女孩**。德吉蒙德是我最喜欢的作家。**我读了他所有的书**。我今天要去买他的新小说。

- **我要他给我签名**。给你的。

- 谢谢！

- 我今天上班。但是我们明天早上走吧。

- 好的，**明天见**。

- **祝你有美好的一天**，克里斯汀。

- 也祝你愉快，凯琳！

　　凯琳放下电话。她继续她的工作。下午 1 点半，凯琳准备离开。她把她的笔，她的笔记本，她的**手帕**，她的**车钥匙**，她的**太阳镜**和她的手机在她的包里。

　　下午两点 15 分，卡琳来到西里尔家的**门口**。**她按**了按铃。**一名保安**向她打招呼。他询问她的**身份**。凯琳介绍了自己，并出示了她的徽章。保安邀请她**进入屋内**。他陪着客厅里的年轻女子。**他邀请她坐**在椅子上。然后保安走了出来。

　　十分钟后，西里尔·德吉蒙德来到房间。**凯琳站起来**迎接他。西里尔是个伟大的人。他有**胡子**，他很**迷人**。**他戴着眼镜**。

- 你好，德吉蒙德先生。让我自我介绍一下：我叫卡林·杜波依斯。我为《华丽》杂志工作。我是一名新闻编辑。**很高兴见到你**。

- 你好，杜波依斯小姐。**我很高兴见到你。**

- **你可以叫我凯琳。**

- 好的，凯琳。**这里太热了。我们去花园吧。**

花园里有一张桌子，几把椅子和一把雨伞。卡琳和西里尔坐下来。

- 西里尔·德吉蒙德先生，**谢谢你**邀请**我来你家。**你有一座非常漂亮的别墅。

- 谢谢，凯琳。我们开始采访吧。**我今天很忙。**

- 好的。我用智能手机记录我们的对话。

- 请**避免**过于亲密的问题。**我真的不喜欢谈论我的隐私。**

- 好的，我明白了。西里尔·德吉蒙德，**给我们讲讲您的最新的小说吧。**

- 这是一个外星人的故事。他有**人类**的外貌。**那个活人看起来像个老太太。**他有**超能力**。他来到了我们的星球。然后他是**一桩谋杀案的目击者。一名警官和他一起调查这起谋杀案。**

- 听起来很吸引人。这本书的书名是什么？

- "幻想"。

- 你花**多长时间**写一篇小说？

- 4 至 24 个月不等。

- **你有运动员的身材，**西里尔·德吉蒙德。**你做运动吗？**

- **的确，**是的。

- **你做什么运动？**

- 我在慢跑。

- **你喜欢读书吗？**

- **当然。**

- **你喜欢读什么，**西里尔·德吉蒙德？

- **每样东西都读一点。它帮助我**获得灵感。

- 除了阅读、运动和写作，你还有什么爱好？

- **我喜欢和家人在一起。我喜欢和我的兄弟和侄女一起去钓鱼。**

- 你最喜欢的作家是谁？

- 我最喜欢的作家是斯蒂芬·金和阿加莎·克里斯蒂。

- 你现在正在写一本新小说吗？

- **没有。我要去度假。**

- 你的**读者**有问题要问你。我要问你最有趣的问题。

- 好的。我洗耳恭听。

- **你有写作障碍吗？**

- **我有时会有。**

- **当它发生的时候你会怎么做？**

- **我休息一下。**我散步。我和我侄女一起吃**冰淇淋**。我和我的侄女聊天。我要去**乡下……我放松。**

- 你想写爱情小说吗？

- 没有。

- 西里尔·德吉蒙德，谢谢你。

- 很荣幸。**谢谢你的到来。**我给你一本我最新的小说。

- 哦！非常感谢您，先生！

- 西里尔笑了。

- 西里尔·德吉蒙德，**你能帮克里斯汀在书上签名吗？**

- -当然。克里斯汀是谁？

- 克里斯汀 杜波依斯是我姐姐。她喜欢您的小说。

西里尔在书的第一页签名。凯琳谢过他，回家了。

第二天，凯琳把书给了她姐姐。克里斯汀很激动。他们开车去过周末了。

Vocabolario

写作	Scrittura
著名的	Rinomato
他是 14 部已出版小说的作者	È autore di quattordici romanzi pubblicati
他在全世界都很有名	È famoso in tutto il mondo
奇幻小说	Romanzi fantastici
侦探小说	Gialli
著名的作家	Autore famoso
他卖了很多书	Vende molti libri
副本	Copie
全世界	In tutto il mondo
一位编辑	Un editore
给一次采访	Concedere un'intervista
记事本	Blocco note
她上网	Va su Internet
圆珠笔	Penna a sfera
手机	Cellulare
她拿起电话	Prende il telefono
有什么事吗	Come va
这个周末我们出去吧	Andiamocene questo fine settimana
打包你的行李	Fai i bagagli
这是一个三天的旅程	È un viaggio di tre giorni
两小时后我来接你	Ti verrò a prendere tra due ore
我很抱歉	Mi dispiace
我不能去	Non posso venire
你星期五不工作	Non lavori il venerdì
我有个重要的约定	Ho un appuntamento importante
一个约会	Un appuntamento romantico

作家	Scrittore
你是个幸运的女孩	Sei una ragazza molto fortunata
我读了他所有的书	Ho letto tutti i suoi libri
我要他给我签名	Gli chiederò un autografo
明天见	Ci vediamo domani allora
祝你有美好的一天	Buona giornata
凯琳放下电话	Carine mette giù il telefono
手帕	Fazzoletti
车钥匙	Chiavi della macchina
太阳镜	Occhiali da sole
门口	Portone
按(她按…)	Bussare (bussa…)
保安	Guardia di sicurezza
进入屋内	All'interno della proprietà
他邀请她坐	Lui la invita a sedersi
凯琳站起来	Carine si alza
胡子	Barba
迷人	Affascinante
他戴着眼镜	Indossa occhiali
我很高兴见到你	Sono felice di conoscerla
我很高兴见到你	Sono molto contento di averti conosciuto
你可以叫我凯琳	Può chiamarmi Carine
好的	Ok
这里太热了	Fa troppo caldo qui
我们去花园吧	Andiamo in giardino
谢谢你邀请我来你家	Grazie per avermi accolta a casa sua
我今天很忙	Ho una giornata abbastanza impegnativa
避免	Evitare
我真的不喜欢谈论我的隐私	Non mi piace molto parlare della mia vita privata

给我们讲讲您的最新的小说	Ci parli del tuo ultimo romanzo
人类	Essere umano
那个活人看起来像个老太太	L'essere vivente sembra una donna anziana
超能力	Superpoteri
他是一桩谋杀案的目击者	È testimone di un omicidio
一名警官和他一起调查这起谋杀案	Un poliziotto deve indagare con lui sull'omicidio (a riguardo)
多长时间	Quanto tempo impiega...
在…期间	Tra
你有运动员的身材	Ha il corpo di un atleta
你做运动吗？	Pratica sport?
的确	In effetti
你做什么运动？	Quali sport pratica?
你喜欢读书吗？	Le piace leggere
当然	Sì, naturalmente
你喜欢读什么	Cosa le piace leggere?
每样东西都读一点	Un po' di tutto
它帮助我	Mi aiuta
我喜欢和家人在一起。	Mi piace passare del tempo con la mia famiglia
我喜欢和我的兄弟和侄女一起去钓鱼	Adoro andare a pescare con mio fratello e mia nipote nièce
没有	Non ancora
我要去度假	Ho intenzione di fare una vacanza
读者	Lettori
你有写作障碍吗？	Le capita di avere il blocco dello scrittore?
我有时会有	A volte mi capita
当它发生的时候你会怎么做	Cosa fa quando succede?
我休息一下	Mi prendo una pausa

冰淇淋	Gelato
乡下	Campagna
我放松	Mi rilasso
谢谢你的到来	Grazie per essere venuta
你能帮克里斯汀在书上签名吗	Può firmare il libro per Christine?
激动的	Entusiasta (F/M)

Storia 9: Una passione per la scrittura

Cyril Deguimond è un **rinomato** scrittore. **È autore di quattordici romanzi pubblicati**. **È famoso in tutto il mondo**. Cyril ha scritto principalmente **romanzi fantastici, gialli** e thriller. Cyril è un **autore famoso**. **Vende molti libri in tutto il mondo**. Cyril ha appena pubblicato il suo quattordicesimo romanzo.

Un **editore della** stampa scritta lo contatta per telefono. Carine vuole intervistarlo. Lei gli chiede di **concedere un'intervista**. Cyril le dà un appuntamento a casa sua venerdì pomeriggio.

Venerdì mattina, Carine prepara l'intervista. Prende una penna a sfera e un **blocco note**. **Va su Internet** per leggere di Cyril Deguimond. Scrive le domande per lui. Il **cellulare di** Carine squilla. **Prende il telefono**:

- Ciao!
- Ciao Carine, sono Christine.
- Ciao Christine! **Come va?**
- **Andiamocene questo fine settimana. Fai i bagagli**. Ci facciamo **un viaggio di tre giorni. Ti verrò a prendere tra due ore**.
- **Mi dispiace. Non posso venire.**
- Ma perché? **Non lavori il venerdì.**
- **Ho un appuntamento importante** oggi.
- Un **appuntamento romantico**?
- No, Christine. Sto intervistando Cyril Deguimond.
- Lo **scrittore** Cyril Deguimond? **Sei una ragazza molto fortunata** . Deguimond è il mio autore preferito. **Ho letto tutti i suoi libri**. Comprerò il suo nuovo romanzo oggi.
- **Gli chiederò un autografo**. Per te.
- Grazie!
- Oggi lavoro. Ma partiamo domani mattina.
- Va bene, **ci vediamo domani allora**.

-        **Buona giornata**, Christine.
-        Buona giornata anche a te, Carine!

Carine mette giù il telefono. Lei continua il suo lavoro. Alle tredici e mezza, Carine si prepara ad andarsene. Lei mette la sua penna, il suo taccuino, i **fazzoletti**, le sue **chiavi della macchina**, i suoi **occhiali da sole** e il suo cellulare nella borsa.

Alle quattordici e quindici, Carine arriva al **portone** della casa di Cyril. **Bussa** al campanello. Una **guardia di sicurezza** la saluta. Lui le chiede l'**identità**. Carine si presenta e mostra il suo distintivo. La guardia di sicurezza la invita ad entrare **all'interno della proprietà**. Accompagna la giovane donna nel soggiorno. **Lui la invita a sedersi** su una sedia. Quindi la guardia di sicurezza esce.

Dieci minuti dopo, Cyril Deguimond arriva nella stanza. **Carine si alza** per salutarlo. Cyril è un gran bell'uomo. Ha la **barba** ed è **affascinante. Indossa degli occhiali**.

-        Salve sig. Deguimond. Lasci che mi presenti: mi chiamo Carine Dubois. Lavoro per la rivista *Flowery*. Sono un'editor per la stampa. E **sono felice di conoscerla.**
-        Salve Signorina Dubois. **Sono molto contento di averla conosciuta.**
-        **Può chiamarmi Carine.**
-        **Ok,** Carine. **Fa troppo caldo qui. Andiamo in giardino**.

C'è un tavolo, con sedie e ombrellone nel giardino. Carine e Cyril si siedono.

-        Sig. Cyril Deguimond, **grazie per avermi accolta a casa sua**. Ha una villa bellissima.
-        Grazie, Carine. Iniziamo l'intervista. **Ho una giornata abbastanza impegnativa**.
-        Va bene. Registro la nostra conversazione sul mio smartphone.

- **Evitiamo** domande troppo intime, per favore. **Non mi piace molto parlare della mia vita privata**.

- Certo, capisco. Quindi, Cyril Deguimond, **ci parli del suo ultimo romanzo.**

- È la storia di un alieno. Ha l'aspetto di un **essere umano. L'essere vivente sembra una donna anziana.** Ha dei **superpoteri**. Arriva sul nostro pianeta. Finisce per diventare il **testimone di un omicidio. Un agente di polizia deve indagare con lui a riguardo.**

- Affascinante. Qual'è il titolo del libro?

- "Illusioni".

- **Quanto tempo impiega** a scrivere un romanzo?

- **Tra** i quattro e i ventiquattro mesi.

- **Ha il corpo di un atleta**, Cyril Deguimond. **Pratica sport?**

- **In effetti,** sì.

- **Quali sport pratica?**

- Sto facendo un po' di jogging.

- **Le piace leggere?**

- **Sì, naturalmente.**

- **Cosa le piace leggere**, Cyril Deguimond?

- **Un po' di tutto. Mi aiuta** ad avere l'ispirazione.

- A parte lettura, sport e scrittura, quali sono gli altri suoi hobby?

- **Mi piace passare del tempo con la mia famiglia. Adoro andare a pesca con mio fratello e mia nipote.**

- Chi sono i suoi autori preferiti?

- I miei autori preferiti sono Stephen King e Agatha Christie.

- Stai scrivendo un nuovo romanzo in questo momento?

- **Non ancora. Ho intenzione di fare una vacanza.**

- I suoi **lettori** hanno delle domande per lei. Sto per farle le più interessanti.
- Va bene. La ascolto.
- **Le capita di avere il blocco dello scrittore?**
- **A volte mi capita.**
- **Cosa fa quando succede?**
- **Mi prendo una pausa.** Cammino. Mangio del **gelato** con mia nipote. Chiacchiero con lei. Vado in **campagna**... **mi rilasso**.
- Pensa di scrivere storie d'amore?
- No.
- Grazie per questa intervista, Cyril Deguimond.
- È un piacere. **Grazie per essere venuta.** Le offro una copia del mio ultimo romanzo.
- Oh! Grazie mille!

Cyril sorrise.

- Cyril Deguimond, **può firmare il libro per Christine**, per favore?
- Certo, naturalmente. Chi è Christine?
- Christine Dubois è mia sorella maggiore. Ama i suoi romanzi.

Cyril scrive sulla prima pagina del libro. Carine lo ringrazia e torna a casa.

Il giorno dopo, Carine offre il libro a sua sorella. Christine è **entusiasta**. Prendono la macchina e vanno in vacanza per il weekend.

故事 10：与朋友一起度过的那一晚

约翰：你好！

马丁：约翰，你好！你最近好吗？

约翰：我很好，谢谢。你呢？

马丁：我很好。

约翰：**今晚你要做什么？**

马丁：**我待在家里**，怎么了？

约翰：我邀请你们今晚去餐厅，你，奥古斯丁和卡拉。

马丁：好的。**到底是怎么回事？**

约翰：**我有一个非常特别的事情要宣布**。

马丁：什么新鲜事？

约翰：耐心点，我会在今晚宣布。

马丁：好吧！

约翰：今晚八点在餐馆"Feed"。

马丁：好！**今晚见！**

约翰：你好！嗨，卡拉！

卡拉：嗨，约翰！

约翰：**你现在在哪里？**

卡拉：在工作。

约翰：**你什么时候下班？**

卡拉：大约六点钟。怎么了？

约翰：**你今晚想出去吗？**

卡拉：不，谢谢。我累了。我今晚回家睡觉。

约翰：不，你别去睡觉了。今晚我们要去餐厅。

卡拉：你和我吗？

约翰：不，我们四个人，还有奥古斯丁和马丁。

卡拉：**但是我现在没有太多钱。**

约翰：**不用担心。是我邀请你。**

卡拉：谢谢。**但这让我有点不舒服**

约翰：拜托，卡拉。**我有重要的事情要告诉你。**还要告诉别人。

卡拉：**这是个好消息吗？**

约翰：是的，这是个好消息。

卡拉：你吸引了我。 好的，我今晚和你一起去餐厅。
约翰：谢谢卡拉！ 那今晚见！ 八点钟在饭店"Feed"。**不要迟到。**

约翰：奥古斯丁你好！
奥古斯丁：约翰你好！
约翰：**今晚有空吗？**
奥古斯丁：是的，今天是星期五。我想今晚出去放松一下。
约翰：好的。我晚上七点十五分接你。**卡拉和马丁八点钟在餐厅等我们。**

卡拉在 6 点 10 分回家。她洗澡后，穿了一件蓝色的**长裙**。她 19 点 15 分到达饭店。约翰，奥古斯丁和马丁五分钟后到达。约翰走向了接待处。

约翰：夫人晚上好！
苏西：先生，晚上好，**我能为您做些什么？**
约翰：**我们可以要个桌位吃饭吗？**
苏西：是的，当然。**你有预约吗？**
约翰：不，我们还没有预定。
苏西：**您的桌位将在几分钟后准备好。**
约翰：谢谢夫人。
卡拉：**我们可以坐在窗边的桌子吗？**
苏茜：当然！

七分钟后，一个服务员给**四个年轻人**打来电话。

吉米：你的桌子已经准备好了。**请跟我来。**

约翰，卡拉，马丁和奥古斯丁坐在他们的餐桌旁。

吉米：女士们，先生们，晚上好。我叫吉米。我是今晚的服务员。

吉米把**菜单**给年轻人。
吉米：**你想先喝点什么吗？**

约翰：是的，请给我一瓶最好的香槟。

吉米带来一瓶香槟。

马丁：约翰。您将向我们宣布的好消息是什么？
约翰：**让我们玩得开心。我想让你猜猜看。**
卡拉：你要结婚了。
约翰：不。
卡拉：**你要生孩子了。**
约翰：不。
马丁：你要去国外工作。
约翰：不。
奥古斯丁：**你加薪了。**
约翰：不。
卡拉：您将成为一名**牧师**。
约翰：不。
马丁：你换工作了！
卡拉：您将成为摇滚明星！
约翰：不，不。卡拉，**你很有趣。**而且您有很多想像力。
奥古斯丁：您继承了**一大笔财富！**
约翰：不，不过很接近了，奥古斯丁！**好吧，我告诉你。我中了彩票！**
奥古斯丁，马丁和卡拉：真的吗？
约翰：是的，**我不是在开玩笑。**我真的中奖了！
马丁：**你中了多少钱？**
约翰：**我将这些信息保密。**但是你们所有人都会喜欢这笔钱！
卡拉：为什么这么说？
约翰：因为你们是我最好的朋友。**无论顺境逆境，你们总是在我身边支持我。**我们一起去度假两个星期。**我付了所有费用。**
马丁：你是认真的吗，约翰？
约翰：是的！
奥古斯丁：但是您知道，**你不必这样做。**
约翰：**但是我想。不要不好意思。**我要感谢您的真诚友谊。**让我们称其为"感谢礼物"**

卡拉：感谢您给我们这次旅行！算我一个！
奥古斯丁：我也是。
约翰：你呢，马丁？
马丁：**好，算上我一个！**
约翰：谢谢亲爱的朋友们！

吉米靠近他们的桌子。
吉米：**你选好了吗？**
卡拉：**我想要点鸡肉汤。**
吉米：你呢，先生们？
马丁：我也一样。
奥古斯丁：请给我一份意大利面沙拉。
吉米：你呢，先生？
约翰：**今天有什么特色菜？**
吉米：意大利调味饭或焗烤奶酪。
约翰：我想要一块焗烤奶酪。
吉米：好，先生。你还要别的吗？
卡拉：是的，请给我一个香蕉火烧甜点。
吉米：先生们，你要甜点吗？
约翰：不，谢谢。
奥古斯丁：不，我不会吃甜点。
马丁：我也不。

吉米走开了。 15分钟后，他带着**点好的菜肴**回来了。
吉米：请慢用！如果您想点其他菜肴，请随时给我打电话。

四名年轻人感谢服务员并开始吃饭。晚餐时，**奥古斯丁讲话。**
奥古斯丁：**让我们为友谊干杯！**

后来，吉米带来了卡拉的甜点。 然后，这四个朋友讨论了一个
小时他们的下一个假期。 约翰要来**帐单**。 他调整了账单。 然后，
他和朋友一起离开餐厅。 约翰慷慨地给服务员**小费**。

奥古斯丁：**那我们现在要去哪里？**

卡拉：**我很累。** 我要回家了 晚安，男孩们！

约翰：谢谢！ 晚安卡拉！

马丁：我也要回家。 我明天上班。 再见！

约翰和奥古斯丁：晚安，马丁！

奥古斯丁：现在，**我们只剩下了一个人**，约翰。 今晚有什么活动？

约翰：我有最近发行的电影的 DVD。 我们可以回家一起看电影。

奥古斯丁：好的！

Vocabolario

今晚你要做什么？   Che fai stasera?

我待在家里   Rimarrò a casa

怎么了？   Come mai?

我有一个非常特别的事情要宣布   Ho un annuncio molto speciale da fare

今晚见！   Ci vediamo stasera!

你在哪？   Dove sei?

你什么时候下班？   A che ora finisci di lavorare?

你今晚想出去吗？   Vuoi uscire stasera?

我没有太多钱   Non ho tanti soldi

不用担心   Non preoccuparti

我邀请你   Sono io che ti invito

那让我有点不舒服   Mi metti un po' a disagio

我有重要的事情要告诉你   Ho qualcosa di importante da dirti

这是好消息吗？   È una bella notizia?

不要迟到   Non tardare

你今晚有空吗？   Sei libero stasera?

等待（卡拉和马丁在等待）   Aspettare (Carla e Martin ci aspettano)

长裙   Vestito lungo

我能为您做什么？   Cosa posso fare per lei?

我们可以要个桌位吃饭吗？   Possiamo avere un tavolo per la cena?

你有预约吗？   Avete una prenotazione?

您的桌子将在几分钟内准备好   Il vostro tavolo sarà pronto in pochi minuti

我们可以坐在窗边的桌子吗？   Potremmo avere un tavolo vicino alla finestra?

四名年轻人   Quattro giovani

请跟我来   Seguitemi, gentilmente

菜单	I menu
您想先喝点什么吗？	Preferireste qualcosa da bere prima?
让我们玩得开心	Divertiamoci un po '
我想让你猜猜看	Vi farò indovinare
你要生孩子了	Avrai un bambino
你加薪了	Hai ottenuto un aumento
牧师	Sacerdote
你很有趣	Sei divertente
一大笔财富	Grande fortuna
很接近了	È quasi così
好吧，我告诉你	Va bene, ve lo dirò
我中了彩票！	Ho vinto la lotteria!
我不是在开玩笑	Non sto scherzando
你中了多少钱？	Quanto hai vinto?
我将这些信息保密	Tengo questa informazione per me
你们总是在支持我	Siete sempre lì a sostenermi
顺境逆境	Tempi buoni che in quelli cattivi
我付了所有费用	Pagherò io tutte le spese
你不必那样做	Non devi farlo
但是我想	Ma voglio farlo
不要不好意思	Non dovete essere imbarazzati
让我们称其为"感谢礼物"	Chiamiamolo solo un regalo di ringraziamento
好，算上我一个	Va bene, ci sto
你选好了吗？	Avete fatto la vostra scelta?
我想要点鸡肉汤	Vorrei della zuppa di pollo
今天有什么特色菜？	Quali sono le offerte speciali di oggi?
点好的菜肴	Piatto(i) ordinato(i)
奥古斯丁讲话	Parla Augustin
让我们为友谊干杯	Brindiamo all'amicizia

账单　　　　　　　　　　　　　　Conto
小费　　　　　　　　　　　　　　Mancia
那么，我们现在要去哪里？　　　　Allora, dove andiamo ora?
我很累　　　　　　　　　　　　　Sono molto stanca
我们只剩下了一个人　　　　　　　Ora siamo gli unici rimasti

Storia 10: Una Serata tra Amici

John: Ciao!
Martin: Ciao John! Come stai?
John: Bene, grazie. E tu?
Martin: Bene.
John: **Che fai stasera?**
Martin: **Rimarrò a casa**, perché?
John: Sei invitato al ristorante stasera, tu, Augustin e Carla.
Martin: Va bene. **Come mai?**
John: **Ho un annuncio molto speciale da fare**.
Martin: Qual è la novità?
John: Sii paziente, te lo dico stasera.
Martin: Va bene!
John: Al ristorante "Feed" stasera alle otto in punto.
Martin: Ok! Ci vediamo stasera!

John: Ciao! Ciao Carla!
Carla: Ciao John!
John: **Dove sei?**
Carla: A lavoro.
John: **A che ora finisci di lavorare?**
Carla: Verso le sei. Perché?
John: **Vuoi uscire stasera?**
Carla: No grazie. Sono stanca. Vado a casa a dormire stasera.
John: No, non dormirai. Stasera andiamo al ristorante.
Carla: Me e te?
John: No, siamo in quattro, con Augustin e Martin.
Carla: Ma **non ho tanti soldi** adesso.
John: **Non preoccuparti. Sono io che ti invito**.
Carla: Grazie. Ma **mi metti un po' a disagio**
John: Dai, Carla. **Ho qualcosa di importante da dirti**. A te e agli altri.
Carla: **È una bella notizia?**
John: Sì, è una bella notizia.
Carla: Mi hai incuriosito. Ok, vengo al ristorante con te stasera.

John: Grazie Carla! Ci vediamo stasera allora! Al ristorante "Feed"
alle venti in punto. **Non tardare**.

John: Ciao Augustin!
Augustin: Ciao John!
John: **Sei libero stasera?**
Augustin: Sì, è venerdì. Mi piacerebbe uscire stasera, per rilassarmi.
John: Perfetto. Ti vengo a prendere alle sette e un quarto. **Carla e
Martin ci aspettano** al ristorante alle otto in punto.

Carla ritorna alle sei e dieci. Fa una doccia e indossa un **vestito lungo**
blu. Arriva al ristorante alle diciannove e cinquanta. John, Augustin e
Martin arrivano cinque minuti dopo. John va alla reception.

John: Buonasera signora!
Suzie: Buona sera signore, **cosa posso fare per lei?**
John: **Possiamo avere un tavolo per la cena,** per favore?
Suzie: Sì, naturalmente. **Avete una prenotazione?**
John: No, non abbiamo prenotato.
Suzie: **Il vostro tavolo sarà pronto in pochi minuti**.
John: Grazie signora.
Carla: **Potremmo avere un tavolo vicino alla finestra**, per favore?
Suzie: Ovviamente!

Sette minuti dopo, un cameriere chiama i **quattro giovani.**

Jimmy: Il vostro tavolo è pronto. **Seguitemi, gentilmente.**

John, Carla, Martin e Augustin si siedono al loro tavolo.

Jimmy: Buonasera signore e signori. Mi chiamo Jimmy. Sarò io a
servirvi questa sera.

Jimmy dà **i menu** ai giovani.
Jimmy: **Preferireste qualcosa da bere prima?**
John: Sì, vorremmo una bottiglia del vostro miglior champagne, per
cortesia.

Jimmy porta una bottiglia di champagne.

Martin: Quindi, John. Qual è questa grande notizia che devi darci?
John: **Divertiamoci un po**. **Vi farò indovinare**.
Carla: Ti sposerai.
John: No.
Carla: **Avrai un bambino**.
John: No.
Martin: Lavorerai all'estero.
John: No.
Augustin: **Hai ottenuto un aumento.**
John: No.
Carla: Diventerai **sacerdote**.
John: No.
Martin: Cambierai carriera!
Carla: E diventerai una rockstar!
John: No e no. Carla **sei divertente**. E hai molta immaginazione.
Augustin: Hai ereditato una **grande fortuna**!
John: No, ma è quasi così, Augustine! **Va bene, ve lo dirò**. **Ho vinto la lotteria!**
Augustin, Martin e Carla: Veramente?
John: Sì, **non sto scherzando**. Ho davvero vinto la lotteria!
Martin: **Quanto hai vinto?**
John: **Tengo questa informazione per me.** Ma ve li godrete tutti questi soldi!
Carla: Perché e come?
John: Perché siete i miei migliori amici. **Siete sempre lì a sostenermi** sia nei **tempi buoni che in quelli cattivi**. Andremo in vacanza insieme per due settimane. **Pagherò io tutte le spese.**
Martin: Sei serio, John?
John: Sì!
Augustin: Ma lo sai, **non devi farlo**.
John: **Ma voglio farlo.** **Non dovete essere imbarazzati**. Vorrei ringraziarvi per la vostra sincera amicizia. **Chiamiamolo solo un regalo di ringraziamento**.
Carla: Grazie per averci regalato questo viaggio! Ci sono!
Augustin: Anche io.
John: E tu, Martin?

Martin: **Va bene, ci sto!**
John: Grazie miei cari amici!

Jimmy si avvicina al loro tavolo.
Jimmy: **Avete fatto la vostra scelta?**
Carla: **Vorrei della zuppa di pollo**, gentilmente.
Jimmy: E voi, signori?
Martin: Prenderò lo stesso.
Augustin: Vorrei un'insalata di pasta, per cortesia.
Jimmy: E lei, signore?
John: **Quali sono le offerte speciali di oggi?**
Jimmy: Risotto o gratin al formaggio.
John: Vorrei un gratin di formaggio, per cortesia.
Jimmy: Bene, signore. Desiderate altro?
Carla: Sì, vorrei una banana flambé come dessert, gentilmente.
Jimmy: E voi, signori, gradite un dolce?
John: No, grazie.
Augustin: No, per me niente dessert.
Martin: Neanche per me.

Jimmy si allontana. Quindici minuti dopo, ritorna coi **piatti ordinati**.
Jimmy: Buon appetito! Se volete ordinare altro, non esitate a chiamarmi.

I quattro giovani ringraziano il cameriere e iniziano a mangiare. Durante la cena, **parla Augustin**.

Augustin: **Brindiamo all'amicizia!**

Più tardi, Jimmy porta il dolce di Carla. Quindi i quattro amici discutono della loro prossima vacanza per un'ora. John chiede il **conto**. Lo paga. Quindi lascia il ristorante coi suoi amici. John lascia una generosa **mancia** al cameriere.

Augustin: **Allora, dove andiamo ora?**
Carla: **Sono molto stanca**. Vado a casa. Buonanotte ragazzi!
John: Grazie! Buonanotte Carla!
Martin: Anch'io andrò a casa. Lavoro domani. A presto!

John e Augustin: Notte, Martin!
Augustin: **Ora siamo gli unici rimasti**, John. Qual è il programma stasera?
John: Ho il DVD di un film uscito da poco. Possiamo andare a casa e guardarlo insieme.
Augustin: Ci sto!

www.ingramcontent.com/pod-product-compliance
Lightning Source LLC
Chambersburg PA
CBHW021005180726
47993CB00017B/801